분노와 상처 극복하기

OVERCOMING HURTS & ANGER

Copyright © 2000 by Dwight L. Carlson
Published 2015 by Harvest House Publishers
Eugene, Oregon 97402
www.harvesthousepublishers.com

OVERCOMING

마음치유 2

분노와 상처 극복하기

HURTS & ANGER

• 드와이트 L 칼슨 지음 •

| 목 차 |

머리말 · 6

01 　분노에 대한 오해 · 15
02 　위장된 분노 · 29
03 　다스리지 못한 분노의 비극적인 결과 · 37
04 　분노에 대한 성경적 원리 · 49
05 　당신은 분노를 어떻게 다루고 있는가 · 67
06 　분노를 다스리기 위한 준비 · 81
07 　분노 다스리기 I · 101
08 　분노 다스리기 II · 131
09 　실천하기 · 153
10 　분노 예방하기 · 173
11 　어떻게 소통할 것인가 · 201
12 　예수님 닮기 · 211

| 머 리 말 |

나는 10여 년의 수련과정을 거치고, 지난 30년간 정신과 의사로 살아왔다. 장장 40여 년의 세월 동안 감정과 심리로 분류되는 거의 모든 병리를 접하며 수많은 환자들을 치료했다. 계층, 종교, 인종을 망라한 수많은 사람들이 나의 치료 대상이었다. 이들에게서 제일 보편적으로 발견되는 문제는 내가 이 책에서 다루고자 하는 **분노**였다.

이 책은 분노를 나쁘다고만 배운 이들에게 분노를 건설적으로 관리하는 방법을 알려 주어 도움을 받길 바라는 목적으로 집필하였다.

나는 사람들이 분노를 포함한 자신의 모든 감정적 상태를 잘 파악하는 것이 매우 중요하다고 생각한다. 감정은 우리에게 일어나는 일들과 그것이 어떤 결과를 초래하는가를 파악하는 도구로써, 오감을 넘어 육감과 같이 절실하고 중요하다고 말하고 싶다. 감정을 제대로 파악하지 못한다는 건 맛, 냄새, 촉각 같은 오감을 잃어버린 것과 같고, 그 결과 역시 비극적일 수밖에 없다. 현대의 많은 사람들, 특히 종교적인 배경을 가진 사람들은 분노와 같은 부정적인 감정을 표출

Finding Freedom from
Negative Emotions

HURTS & ANGER

할 권리를 의도치 않게 빼앗기며 살아가고 있다. 이것은 일종의 심리적인 폭행을 당하는 것이며 그로 인해 내면의 감정은 회복할 수 없는 손상을 입게 되고, 신체적인 손상과 다를 바 없는 심각한 후유증을 남긴다. 그러므로 우리는 먼저 자신의 감정적 상태를 정확히 파악할 수 있어야 한다. 그래야만 삶 속에서 피할 수 없는 감정적인 충돌을 건설적으로 대응할 수 있게 된다.

    현대의 많은 사람들은 자신의 욕구와 필요, 특히 자신의 의사에 반하는 감정을 건강하게 표현하는 것에 미숙하다. 이런 사람들은 대부분 자신의 감정을 드러낼 때 매우 수동적이거나 어떤 부분에서는 지나치게 공격적인 모습을 보이게 된다. 이것은 분노를 제대로 조절하지 못하게 만드는 핵심적인 기여 인자가 되는 것이다.

    이 책은 분노와 상처를 다루는 데 도움이 절실한 사람들에게 특별한 지침들을 제공할 것이다. 또한 자신의 욕구와 필요를 건설적이고 건강하게 표현하는 방법을 제시한다. 나는 정신과 의사로서 부적절하게 다루어진 분노가 오늘날 가장 일반적이면서도 심각한 정신 병리적인 문제 중의 하나라고 확신한다. 그래서 내가 할 수 있는 가장 중요한 일은 사람들이 자신의 분노와 상처를 인정하고 건설적으로 다룰 수 있도록 돕는 것이다.

나는 그동안의 상담과 치료 과정에서 이 책에 제시하고 있는 방법론을 사용하여 수많은 치료와 회복의 결과를 얻을 수 있었다. 그뿐만 아니라 내 삶에도 이 방법론을 실제로 적용하고 있다.

10년 전 초판 출간 후 5년만에 첫 개정판을 출간하였을 때 나의 이론과 방법론이 여전히 잘 적용되고 있어 반가운 마음이었다. 하지만 그 이후로 현대사회의 정신적인 연구가 증가함에 따라 다른 연구자들이 이루어 낸 수많은 효과적인 치료 전략과 방법론이 나오게 되었다. 나는 그것을 배우고 익혀 건강하지 않은 분노가 야기하는 치명적인 결과들에 대해 추가적으로 이 책에 담아낼 수 있었다.

처음 이 책을 쓸 때 분노에 대하여 용인되는 매우 극단적이면서

Finding Freedom from Negative Emotions

양면성을 지닌 두 가지 관점을 알게 되었다. 첫 번째는 일명 '발산주의자(Ventilationist)'라고 불리며 자신의 분노를 마음껏 표출하는 것을 옹호하는 관점이다. 두 번째는 분노가 매우 악하기 때문에 함부로 드러내는 것은 바람직한 태도가 아니라는 관점이다. 다행스럽게도 과격한 '발산주의자'는 수적으로 적은 부분을 차지하고 있지만 그로 인한 사회적 피해는 갈수록 심해지고 있다. 또한 분노를 악으로 규정하고 함부로 드러내지 못하는 관점은 여전히 지배적인 관점이며 개중에 많은 사람들이 특히 크리스천들이다. 이러한 관점은 앞으로 이 책에서 치밀하게 다루게 될 중요한 문제들이다.

이 책을 통해 공유되기를 원하는 통찰과 지식은 심리학적인 영역과 일치할 뿐만 아니라 나와 여러분에게 역동적인 안내자인 성경이 제시하는 바와 일치한다고 볼 수 있다. 따라서 크리스천들은 자신의 믿음과 상응하는 방법과 원리를 이 책에서 발견할 것이며, 기독교적인 교리에 호응하지 않는 비크리스천이라 할지라도 분노를 조절하고 관리하는 데 매우 가치 있고 유효한 방법을 찾게 될 것이다. 즉, 크리스천이든 그렇지 않든 그 누구라도 관계없이 동일한 효과와 결과를 이끌어 내는 개념을 이 책에서 볼 수 있을 것이라고 강력하게 확신한다.

    내 이야기를 간략히 하자면 나는 분노에 관한 어떤 조력도 없는 빈곤한 유년기를 보냈다. 때때로 집안에 흐르는 냉혹한 긴장감 속에서 감정적인 충돌의 위기를 맞더라도 그 어떤 건설적인 방법과 소통을 경험해 본 적이 없었다. 이따금 분노에 못 이겨 거친 말들이 쏟아져 나오기도 했고 그 결과는 필연적으로 냉전의 파국으로 이어지기가 일쑤였다. 그 이후 나는 이런 방법으로는 절대 분노를 건설적으로 다스릴 수 없다는 것을 깨닫게 되었고, 어떻게 하면 분노를 더 올바르게 다스릴 수 있을 것인가에 대하여 오랫동안 연구하고 배우게 되었다. 그 결과, 나는 내 자신뿐만 아니라 다른 사람에게 분노를 건설적으로 관리하는 방법을 가르칠 수 있게 되었다.

Finding Freedom from Negative Emotions

 지금부터 이 책에서 보여 주고자 하는 문제들은 내가 살면서 경험했던 것들과 그동안 치료했던 수많은 환자들을 통해서 경험했던 사례들이다. 그러므로 단순히 이론적인 골격으로만 구성된 것이 아니라, 임상 사례들을 통한 경험적이면서도 전문적인 이론과 실제를 아우르는 책이라고 할 수 있다. 나는 내 이론과 치료가 사람들의 삶 속에서 매우 효과적으로 적용되는 것을 볼 때마다 큰 보람과 기쁨을 느낀다.

 이 책에 제시된 모든 치료 자료는 실제 경험에 바탕을 두었다. 다만 개인의 사생활 보호를 위해 그들의 이름과 특징들은 사례를 왜곡하지 않는 한도 내에서 약간의 수정을 거쳤다.

 이 책을 출간할 수 있도록 편집과 타자에 수고를 아끼지 않은 나의 아내 베티와 사촌 린 칼슨에게도 무한한 감사의 말을 전한다.

드와이트 L. 칼슨 (Dwight L. Carlson)

IS ANGER STEALING YOUR JOY?

우리가 선택해야 할 것은
'갈등을 정면으로 마주할 것인가,
아니면 피해 갈 것인가'가 아니다.

우리가 판단해야 할 것은
'언제, 어디서, 얼마만큼의 갈등이
내게 필요한가'이다.

OVERCOMING HURTS & ANGER

01

OVERCOMING
HURTS & ANGER

분노에 대한 오해

"여기에서 뛰어내릴까……"

몇 달 전 매력적인 대학 2학년생인 잰은 캘리포니아 산 페드로에 있는 빈센트 토마스 다리 위에 서 있었다. 그녀는 18층 높이의 다리에서 뛰어내려 생을 마감할까 심각하게 고민하고 있었다. 그녀는 그 일이 있기 몇 주 전에도 다량의 약물 복용으로 자살을 시도한 적이 있었다.

그녀는 지금 정신과 치료를 위해 내 앞에 앉아있다. 잰은 지난 목요일 오후에 일어났던 사건부터 털어놓기 시작했다. 기분이 우울하고 심란했던 그녀는 정처 없이 학교 캠퍼스와 가까운 쇼핑몰을 멍하니 돌아다녔다. 그렇게 몇 시간 동안 주위를 배회한 후에야 겨우 마음을 추스리고 가까스로 기숙사에 되돌아올 수 있었다.

그녀가 말했다.

"그게 다예요! 그냥 그뿐이었어요."

내가 그녀에게 물었다.

"그러니까 이유도 없이 혼란스러운 마음에 몇 시간이나 방황을 했고 단지 그게 힘든 점이라는 건가요?"

"네, 그래요."

나는 그녀가 무슨 말을 더하지 않을까 잠시 기다렸지만 더 이상 아무 말도 들을 수 없었다. 나는 그날에 느꼈던 특별한 감정이라든지 평소와 달랐던 일이라든지 그녀가 기억나는 것은 모두 꺼내 놓을 수 있도록 질문을 이어갔다. 그러나 그녀는 여전히 아무것도 떠올리지 못했고, 그 전날에 대해서도 물었지만 마찬가지였다. 벌써 상담이 20분째 지나가고 있었지만 아무 실마리를 찾지 못하고 있었다. 결국 내가 그녀에게 다시 물었다.

"그렇다면 평소 목요일 오후 2시 30분쯤에는 무슨 일을 하고 있나요?"

그녀는 화학 수업을 들으러 갔을 거라고 말했다.

"그렇다면 그날 목요일에는 수업에 참석하지 않은 거군요?"

"네."

그녀가 대답했다. 나는 왜 수업을 듣지 않았는지 다시 물었지만 그녀 자신조차 그 이유를 모르고 있었다.

잰이 성실한 성향의 사람이라는 것을 알고 있는 나로서는 그녀의 행동이 이해되지 않았다. 그래서 나는 좀 더 자세한 질문을 하기 시작했고 결국 그녀가 수업에 빠진 이유를 들을 수 있었다. 그녀는 그전 화학실험 시간에 강사의 설명을 잘 이해하지 못하는 친구를 돕기 위해 귓속말로 실험 과정을 설명해 주고 있었다. 그런데 그때 갑자기 강사가 그녀의 팔을 강하게 채면서 "잰! 수업시간에 조용히 해!"라고 소리쳤다. 재빨리 입을 다문 잰은 그 수업시간 동안 한마디의 말도 할 수 없었다.

나는 강사의 질책을 듣고 난 후 감정이 어떠했는지를 물었다. 그녀는 아무 감정도 느끼지 못했다고 말했다. 그러나 수업에 들어가지 않은 이유가 분명 이것과 관련되어 있을 것이라고 지적하자 비로소 그 당시 강사와 친구에게 약간의 짜증이 발생했을 가능성을 처음으로 시인했다.

잰의 가장 기본적인 문제 중 하나는 그녀의 의식 밑바닥에 잠재된 분노로 말미암아 사소한 것에도 쉽게 기분이 상하는 매우 민감한 감정의 소유자라는 것이다. 또한 신앙을 가지면서부터 분노는 하나님 앞에 죄를 짓는 것이라고 생각하고 있었다. 그런 이유로 보다 적극적으로 자신에게 발생하는 분노나 화를 억누르려고 노력했다. 그 결과 분노의 강력한 에너지는 결국 그녀를 억압하여 화를 내거나 분노할 수 없는 무기력하고 무의미한 존재로 만들어 버렸다. 그녀가 다리 위에서 뛰어내리려고 시도하던 그 순간에도 '별다른 감흥'이 없었다고 말할 정도였다. 그녀는 다른 사람들이 자신을 모욕할 때도 그다지 분노나 화가 나지 않았지만, 기쁜 일이 생겨도 그 기쁨조차 느끼지 못하는 불감증의 상태가 되어 있었다.

젠의 사례는 많은 사람들이 흔히 가지고 있는 분노에 관한 **첫 번째 오해**를 보여 주고 있다.

"보지 않고, 느끼지 않고, 분노로 여기지 않으면 문제 자체가 없는 거지."

태국의 선교사인 조셉 쿡(Joseph Cooke)은 그의 저서 『무료로 드립니다(Free for the Taking)』에서 분노에 대한 오해에 대하여 이렇게 말하고 있다.

> 분노를 일시적으로 억누르는 것은 결코 유익하지 못하다. 이것은 마치 뜨거운 수증기가 흐르는 보일러 통로를 잠시 막는 행위와도 같다. 뜨거운 수증기의 통로를 막으면 갈 곳을 잃은 수증기는 당연히 흘러야 할 다른 통로를 찾을 것이다. 이처럼 분노도 발산이 억압

된다 하더라도 결국 당신의 표정에 당연히 드러날 것이다. 게다가 감정을 억압하여 분노에 사로잡히게 되면 그 분노의 감정은 훨씬 더 다루기 어려운 형태로 변형되어 나타날 것이다. 아마도 우울함과 체념, 자기연민이나 타인에 대한 맹렬한 비난 또는 극단적인 혐오로 나타날지도 모른다.

사소한 불쾌감 같은 가벼운 형태로 표출되던 이러한 부정적인 감정은 처음에는 심각성이 인지되지 않지만, 실제 내면에서는 위험한 압력이 점차 가중되면서 마치 안전장치가 망가진 폭발물처럼 언젠가는 걷잡을 수 없는 폭발로 이어지게 된다. 이러한 폭발이 누군가에게 심한 손상을 입히게 되는 것은 필연적인 결과이다.

나는 긴 시간 내 삶을 걸고 스스로 감정을 조절하기 위해 무던히도 노력해 왔다. 분노의 감정이 일어날 때마다 고귀하고 거룩한 그리스도의 정신을 생각하며 경건하게 감정을 관리할 수 있게 되기를 기대했다. 그러나 결과적으로 나는 나뿐만 아니라 심지어 아내를 비롯한 다른 많은 사람들조차도 바보로 만드는 꼴이 되고 말았다. 이런 행위와 시도 자체가 결국은 자기기만이었던 것이다. 겉으로는 경건하고 절제력이 뛰어난 존재처럼 비춰졌지만, 내면에는 아무것도 얻은 것이 없었다.

나의 양심의 한계를 넘어선 더 깊은 영역에서는 수많은 감정의 덩어리들이 얽힌 채 억압되어 있었다. 나는 다양한 종류의 거룩하지 못한 태도와 반응이 마구 드러날 때를 제외하고는 그러한 창백한 감정들이 내 속에 존재하는지조차도 모르고 있었다. 그러나 그 감정들은 내 속에 엄연히 존재했다. 억압되어 있던 나의 감정들은 흘러갈 수 있는 통로를 찾아 발산되었고 결국 내 얼굴에 그대로 드러나고 있었다.

오랫동안 억압되었던 분노는 결국 외부로 발산될 수밖에 없다. 사실 내 자신의 감정과 분노를 진솔하고 건강하게 표현하는 새로운 방법을 찾아내고 정리하기 전까지, 또한 그것을 익히기 위하여 알아야 하는 것들이 무엇인지 깨닫기 전까지 나는 새로운 삶을 찾을 수도, 세울 수도 없었고 어떠한 치료도 받을 수 없었다.

조셉 쿡은 분노를 조절함에 있어 본인이 이상적으로 생각했던 것과는 다르게 분노에 대한 **두 번째 오해**를 경험했던 것이다.

"상처와 분노를 외면하면 자연스럽게 사라질 테고 그로 인한 문제도 생기지 않을 거야."

26살의 조는 기계 기술자이다. 그는 일상에서 자신의 감정을 과하게 드러내는 경우가 거의 없는 사람이었다. 그러나 화났을 때 그의 모습은 이해가 되지 않을 정도로 평소와 달랐다. 한번은 친구가 그의 기타 연주를 듣고 가볍게 조언을 하자 그는 자신의 분노를 조절하지 못하고 기타를 바닥에 내리쳐 산산조각을 내버렸다. 게다가 타던 자전거를 길가에 내버려 두고 온 아들에게 화가 나 가지러 갔던 자전거의 뒷바퀴를 차로 들이받아 버렸다. 조의 아내는 그가 분노를 느꼈을 때 가구, 접시, 창문 등 닥치는 대로 부수는 것을 잘 알고 있었다.

조는 과거 70년대에 유행했던 분노 해소이론에 따라 자신의 행위를 정당화하고 있다. 그 이론이란 '화가 치솟아 견딜 수 없게 되면 그 화를 마음껏 표출하라. 그리하면 기분이 풀릴 것이고 모든 것이 다 정리된다'는 것이다. 이 이론의 치명적인 결점은 그런 방법으로는 절대 분노가 해소되지 않을뿐더러, 이러한 태도가 오래 지속될수록 자신의 건강과 주변의 관계가 다 파괴되고 만다는 점이다. 일상 속에서 자기 연민으로 인한 비참함과 자살 욕구에 끊임없이 시달리던 조에게는 이 분노 해소이론이 적용될 수 없는 해법이었다.

조는 분노에 관한 **세 번째 오해**의 제물이 된 것이다.

"내 안의 분노의 감정을 끄집어내어 분풀이를 하고 나면 내 화가 풀릴 거야!"

성공한 직장여성이며 전문비서인 브렌다는 자신의 분노와 상처에 대하여 매우 잘 알고 있었지만, 그녀는 조의 경우와는 반대로 자신의 감정을 표출하지 않았다.

"나는 누군가에게 절대 화를 낼 수가 없어요. 감정을 조절하지 못한다면 이 자리에 있을 수가 없거든요. 그리고 내가 화를 내면 상대방이 나를 불편하게 생각하고 호의를 받지 못하게 될까 봐 걱정되기도 해요. 심지어 성적인 농담을 하는 사람한테도 화를 낼 수가 없어요!"

브렌다는 누군가에게 상처를 주지 않기 위해 절대로 화를 내지 않는, 어쩌면 가장 이상적인 인내의 표상과 같은 사람이다. 이와 같은 사람은 매우 우호적이며 사람들이 좋아하는 전형적으로 '괜찮은' 사람이다. 그러나 이러한 사람들은 '괜찮은' 이미지를 고수하기 위하여 너무나 많은 것들을 희생하고 또 엄청난 대가를 치러야만 한다. 이 부류의 사람들에게 이러한 상태가 계속되면 감정적, 육체적으로 병에 시달리게 될 것이고 그 악영향은 가족들과 일상생활에까지 미치게 될 것이다.

브렌다는 분노에 대한 **네 번째 오해**의 희생자이다.

"난 '괜찮은' 사람이 되기 위해 절대로 화내지 않을 거야. 그래도 나는 견딜 수 있어!"

42세의 은행원인 마리는 어지러움과 복통을 호소하며 나에게 상담을 요청했다. 담당 의사는 그녀의 증세에 대한 아무런 신체적인 원인을 발견하지 못했지만, 여전히 심한 통증으로 인해 도저히 자신의 업무를 볼 수 없는 상태였다. 내가 그녀를 상담하며 주목했던 부분은 그녀가 누구에게도 분노나 부정적인 감정을 품고 있지 않았다는 점이다. 20년을 함께 보낸 남편에게조차도 말이다. 나는 이러한 점이 분명히 신체적인 병리 증상과 연관성이 있을 것이라고 생각했다. 처음엔 그녀도 자신의 내면에 쌓여 있는 상처와 분노가 신체적인 증상에 영향을 주고 있다는 것을 인정하지 않았지만, 꾸준한 심리치료를 통해 비로소 오래전부터 상처와 분노가 그녀의 몸과 마음을 괴롭히고 있다는 것을 알아낼 수 있었다. 크리스천인 그녀는 신앙을 가지면서 의식적으로 자기만의 절대적인 가치 체계를 형성해 놓았다. 그것은 신앙적인 존재가 부정적인 감정을 가져서는 안 되며 문제를 긍정적인 방식으로 해결해야만 한다는 것이었다. 이러한 기준은 그녀로 하여금 자신의 문제를 인정하고 받아들이는 데 큰 걸림돌이 되고 있었다. 그녀는 자신이 갖고 있는 내면의 상처를 인정하고 남편에게 솔직하게 털어놓으면 비크리스천인 남편이 자신을 비난하고 실망감에 떠나버릴 거라고 생각했다. 심지어 남편이 충격을 받아 심장마비로 죽을 수도 있다는 비정상적인 두려움에 휩싸여 있었다. 나는 그녀를 치료하는 과정에서 조심스럽게 이 책의 원리를 적용하여 그녀의 두려움을 해소하려고 노력했다. 그 결과, 염려와는 달리

놀랍게도 남편과의 관계가 오히려 더욱 돈독해졌고, 서로에 대한 신뢰가 더욱 강해지게 되었다. 새로운 토대 위에 정립된 그들의 사랑은 훨씬 더 견고해졌고 그녀의 육체적인 증상 역시 자연스럽게 해결되었다.

마리는 분노에 관한 **다섯 번째 오해**를 잘 나타내고 있다.

"내가 받은 상처와 분노를 상대방에게 솔직하게 표현하면 우리 관계는 고통받게 되겠지?"

이처럼 가족, 부부를 포함한 대인관계에 있어서 일어나는 모든 심리적인 문제의 50%는 분노에 대한 잘못된 이해와 오해로 인한 관리로 말미암아 발생하고 있다. 게다가 고혈압, 심장마비, 심지어는 암에 이르기까지 많은 육체적인 질병들이 분노를 제대로 다스리고 관리하지 못한 사람들에게 빈번하게 나타나고 있다는 것이 여러 임상 실험을 통해 증명되었다. 더욱 충격적인 것은 분노의 문제를 잠재적으로 가진 수많은 사람들이 실제로는 이 사실을 전혀 모르고 있다는 점이다. 그들 중의 소수만이 오래된 상처와 분노를 치료받으면서 이 문제의 엄중한 결과에 대하여 조금이나마 깨닫게 되겠지만, 대다수의 사람들은 그들의 삶에서 분노가 어떻게, 얼마나 심각하게 작용하는지를 전혀 알지 못하고 있다.

지금 이 책을 읽고 있는 당신은 위의 사례들을 보면서 "저 사람들과 나는 달라. 나는 저런 상처나 분노가 없지. 참 다행이군!"이라고 생각할지도 모른다. 그러나 오랫동안 이 일을 해왔던 의사로서 내가 여러분에게 드리고 싶은 고언은 자신에게는 절대로 그런 문제가 없다고 완강하게 주장하는 사람일수록 심각한 분노 조절 장애의 문제를 가지고 있고, 실제로 증상을 발견하게 되는 경우가 많다는 것이다. 그러므로 당신은 자신의 내면을 좀 더 정밀하게 관찰할 필요가 있다.

자가 진단을 위해 이런 사람들에게 공통적으로 나타나는 태도와 병리적인 현상을 예로 든다면 습관적인 지각, 침울함, 짜증, 혹은 마음을 졸이는 행위와 같은 것들을 들 수 있다. 이러한 태도를 가진 사람들은 냉소적이며, 강한 질투심과 과도하게 심술궂은 모습으로 자신을 드러낸다. 또한 다른 사람에게 상처를 주는 유머에 집착하고, 자신을 정당화하기 위하여 타인에 대한 험담을 늘어놓거나, 은밀하고 사적인 부정을 즐기는 경향을 보인다. 신랄한 비난과 비꼬는 말투로 무장하고 순교자 증후군을 보이기도 하는 이런 사람들에게 "혹시 화나는 일 있었어?"라고 묻는다면, 이들은 순진하게 웃으며 "왜 그렇게 생각해? 그런 일은 결코 없지. 나는 절대로 화를 내는 사람이 아니야!"라고 대답할 것이다.

이러한 태도를 가진 사람들의 가장 심각한 문제는 자신의 내면에 앙금처럼 가라앉아 있는 분노의 문제와 그 증후군들을 제대로 파악하려고 하지 않는다는 것이다. 대부분의 사람들이 그렇듯이 이들 또한 분노의 문제를 별다르게 생각하지 않는다. 게다가 그 주위의 사람들도 분노에 찬 사람들이 지나가는 개를 발로 차거나 자신의 아이들에게 소리 지르는 것을 보더라도 보이는 그 정도로만 치부하고 무시할 뿐 그들의 분노를 인정하거나 이해하려고 하지 않는다. 지금도 많은 사람들이 겉으로 드러내지는 않지만 자신의 분노를 내면에 억압함으로써 심각한 고통에 시달리고 있다. 자신의 분노의 요인들을 제대로 인정받지 못한 사람들은 삶 속에서 비탄, 냉소, 심한 시기와 같은 방식으로 자신의 분노를 드러내려 한다. 이들은 친구와의 대화에서 자신을 우회적으로 비난하는 말에 발생한 분노가 마음속에 상처를 남기고, 가족이 자신을 온전하게 인정하지 않아서 생기는 분노가 쓰라림으로 남는다는 것을 제대로 인지하지 못한다.

많은 사람들은 지난 세월 동안 자신이 받았던 수많은 모욕과 상처가 실제로는 분노의 또 다른 양상이라는 것을 잘 이해하지 못한다. 그래서 이러한 많은 내적인 상처들이 해결되지 않은 채 우리 속에 고스란히 남아있게 된다. 이 책을 읽고 있는 당신이 분노라는 감정보다 상처라는 의미가 훨씬 더 가슴에 와닿는다면 '분노'라는 말 대신에 '상처'라는 표현을 사용해 보자. 당신의 분노 문제를 해결함에 있어 훨씬 더 도움이 될 것이다.

분노에 관한 이러한 수많은 오해들을 야기하는 근본적인 뿌리는 우리들의 감정에 대한 강한 불신과 부정에 있다. 분노와 상처를 부정하는 실수는 다음과 같은 비유를 통해 증명할 수 있다.

> 내가 처음 장만한 차는 엔진 과열을 비롯한 수많은 문제들로 내 속을 썩였다. 차를 타고 나간 어느 날, 온도 게이지의 바늘이 서서히 올라가면서 더불어 내 걱정도 함께 상승하기 시작했다. 목적지에 빨리 도착하거나 가장 가까운 주유소를 찾아야만 한다는 생각에 조바심이 나 손바닥은 어느새 땀으로 축축하게 젖어 있었다.
> 내가 당장 할 수 있는 일이 없다는 것이 너무나도 절망적이었다. 뜨겁게 치솟는 게이지를 손바닥으로 가리거나 계기판을 아예 검은 페인트로 칠해 버리고 싶었다. 하지만 내 눈에 보이지 않는다고 해서 상황이 사라진 게 아니라는 사실을 너무 잘 알고 있었다. 단순히 심리적인 불안함에서 벗어나고 싶은 마음이었다. 그러나 그 불안함을 해소하기 위하여 그런 바보 같은 행동을 취했더라면, 차는 과열되어 수증기를 내며 퍼졌을 것이고 엔진은 망가져 돌이킬 수 없는 심각한 상태가 되고 말았을 것이다.

엔진의 온도를 나타내는 게이지를 보기 싫다고 해서 계기판을 검은 페인트로 칠한다면 사람들은 미쳤다고 손가락질하겠지만, 엄밀히 따지면 분노를 대하는 사람들의 태도가 이와 크게 다를 바가 없다는 것이 나의 견해이다. 분노에 대한 사람들의 비상식적인 태도는 더 이상 피할 수 없을 정도로 엔진이 과열되어 폭발 일보 직전인 상태로 가고 있다. 그런데도 사람들은 분노에 대한 문제의 심각성과 그 중대함을 부정하며 인정하지 않고 있다. 결국 사람들이 자신의 분노 문제의 심각성을 인지하게 되었을 때는 이미 자신과 자신을 둘러싼 모든 사람들에게 헤아릴 수 없는 해를 입힌 후가 되고 만다.

우리도 분노와 상처를 경고하는 온도 게이지가 필요하다. 우리는 우리의 온도 게이지 위에 절대로 검은 칠을 해서는 안 된다. 우리의 감정이 곧 우리의 분노에 대한 온도 게이지가 될 것이며, 그 사실을 절대로 부인해서는 안 된다. 분노를 포함한 우리의 감정들은 하나님께서 주신 선물과도 같다. 이 선물을 정확하게 파악하고 알맞게 다스린다면 감정은 우리 자신을 도와 건강하고 안전한 삶을 살 수 있도록 도와줄 것이다.

02

OVERCOMING
HURTS & ANGER

위장된 분노

    사람들이 자신의 분노를 의식하지 못했을 때, 그 분노는 다양한 모습으로 위장되어 숨기 시작한다. 마크의 상황을 예로 살펴보자.

    마크는 교회의 평신도 리더로서 매주 주일마다 언제나 밝은 미소로 성도들을 반갑게 맞이한다. 그는 자신의 도움을 필요로 하는 성도들에게 매우 적극적으로 선행을 베풀었으며, 사람들에게 성경을 가르치기도 하는 모범적인 영적 리더의 모습을 하고 있었다. 성도들은 사람들의 말에 귀 기울일 줄 아는 마크의 태도에 감동하며 '얼마나 친절하고 이해심이 많은 사람인가'를 항상 칭찬하곤 했다. 그러나 그의 감춰진 모습을 아는 사람은 가족밖에 없었다. 그가 가족에게 보이는 말투와 태도는 정반대로 매우 거칠고 공격적이었다. 오늘 아침에도 교회에 가기 위해 가족들이 차에 탔을 때 그가 조성했던 공포스러운 긴장감은 상상을 초월할 정도였다. 그 이유는 아이들이 출발할 시간까지 준비가 제대로 되어 있지 않아서였다. 그는 곧바로 아내에게 다가가 "이게 다 네 책임이야! 알겠어?"라고 강하게 그녀를 몰아세웠다. 그러나 교회 주차장에 도착했을 때 그는 완전히 다른 사람이 되어 있었다. 그는 다시 온화한 얼굴을 하고 언제나처럼 가장 모범적인 모습으로 탈바꿈해 있었다. 이러한 행동을 우리는 **'독선적인 위장'**이라고 부른다. 『폭력으로 얻는 항복(*Battered into Submission*)』이라는 책에서는 이런 현상을 두고 "불행하게도 이러한 속임수가 야기하는 문제는 우리의 생각보다 그 사태가 훨씬 더 심각하며, 실제로도 상상할 수 없는 비극적인 결과들을 초래하고 있다"라고 정확하게 집어내고 있다.

58세의 CEO인 존슨은 32년간의 결혼생활을 가능한 한 빨리 청산하고 싶어 했다. 그는 지금의 결혼생활을 유지하느니 차라리 이혼하는 게 자신에게 훨씬 더 나은 선택이라고 생각했다. 그는 자기 자신을 '평화주의자'라고 설명하며 그동안 아내의 요구와 압박에 순종적으로 살아왔다고 말했다. 그는 자기 자신에게 그랬듯이 '항상 항복하는' 사람이었다.

존슨은 자기 자신을 속여가며 '거짓된 평화'를 위해 살아오는 동안 항상 분하고 억울했다고 말했다. 그러면서 결혼생활의 문제를 해결하려면 매우 많은 시간이 필요할 텐데, 본인의 나이는 이제 그럴 만큼 많은 시간이 남아있지 않다고 했다. 그는 결혼 후 처음 20년까지 자신의 행동이 결혼생활에 어떤 영향을 끼치고 있는지 전혀 알지 못했다. 32년간의 결혼생활이 건강하지 않다는 것을 알게 된 것은 불과 12년 전이었다. 그러나 그것을 알게 된 후에도 그는 바꾸려 노력하지 않았다. 결국 최근 6개월 전부터 신체적인 병리 증상이 나타났고 그 증상들은 3주 전 아내에게 이혼을 요구한 이후로 점차 나아졌다.

존슨의 사례는 화를 삼킨 채 평안을 위해 몸부림치며 문제를 일으키지 않으려는 **'평화 우선주의자'**라는 또 다른 형태의 위장된 분노라 할 수 있다. 이러한 유형의 사람들은 심지어 본인이 책망받지 않아도 되는 일을 평안을 위해 본인이 감수하며 살아간다. 내면의 상처와 분노를 드러내려 하지도 않는다. 그러나 이러한 평안은 결국 가짜인 것이다. 존슨도 자신의 화를 삭히려고 정신적인 스트레스를 혼자 불평하는 게 다였다. 이와 같은 사람들은 절대적인 평안을 위해 대개 자신보다 더욱 공격적이고 독재적인 포악한 유형의 사람과 결혼하는 경향이 있는데, 오른뺨을 치는 자에게 왼뺨을 돌려 대라는 말씀(마 5:39)처럼 배우자에게 희생을 실천하고 있다고 착각한다. 그러나 실제로는 자기를 기만하는 얄팍한 술책에 지나지 않으며 이러한 행위는 머지않아 더욱 악화된 결과로 그들의 발목을 잡게 된다.

분노를 위장하는 또 다른 형태는 **'스티커 수집가'**가 되는 것이다. 한때 대부분의 상점에서 물건을 살 때마다 일정한 보상으로 스티커를 주는 경우가 있었다. 정해진 수량의 스티커를 다 채워 가면 원하는 물건과 교환을 해 주었다. 나는 이와 같이 자신의 내면에 소소한 불만, 분노 혹은 짜증을 마치 스티커처럼 차곡차곡 모으는 사람을 '수집가'라고 부른다. 이들은 각각의 소소한 분노가 그 자체로는 신경 쓸 의미가 없다고 느끼고 좀 더 충분하게 모아야 한다고 생각한다. 그러나 주위에서 이런 사실을 캐묻는다면 자신은 절대 담아두지 않는다고 극구 부인할 것이다. 그리고 분노를 야기하는 소소한 감정들이 자신에게 너무나 사소해서 별문제가 되지 않으며 가볍게 흘려버릴 수 있다고 생각할지도 모른다.

그러나 실제로는 절대로 잊을 수가 없다. 왜냐하면 머릿속 어딘가에 마치 스티커를 붙여놓은 듯 분노가 단단하게 붙어있기 때문이다. 그러다 머릿속에 스티커가 가득 차면 그것을 보상받고 싶은 충동이 불같이 일어난다. 마지막 스티커 한 장은 여전히 사소한 것이겠지만 수집가에게 그 마지막 한 장은 의식의 안전장치를 부수고 분노를 일제히 폭발시켜 그에 대한 보상을 받고 싶어지도록 만든다. 또한 이러한 분노의 폭발은 그동안 차곡차곡 모았던 상세한 분노의 장면들을 열거함으로써 자신의 분노를 정당화하기도 한다.

위장된 분노의 네 번째 모습은 '**침묵**'이다. 이러한 사람들은 자신을 힘들게 하는 어떤 일이 발생했을 때 갑자기 차가운 침묵 속으로 숨어버리곤 한다. 그 이유를 물어봐도 분명히 아무것도 아니라고 말하겠지만, 실제로는 부엌의 찬장을 쾅 닫거나 시비를 거는 듯한 말투와 퉁명스러운 표현을 통하여 자신이 화났다는 것을 사람들에게 교묘하게 알린다. 이러한 차가운 침묵의 도구를 사용하는 사람은 본인이 먼저 말을 꺼내기 전까지는 무엇 때문에 화가 났고 왜 그렇게 행동하는지를 도무지 알 수가 없어 주변 사람들로부터 도움을 받기가 힘든 유형이다.

다섯 번째 위장된 분노의 모습은 '**지나치게 따뜻함**'을 가진 태도이다. 수년 전 내가 내과 수련의를 하고 있을 때의 일이다. 나의 동료 한 명이 자기 환자에 대하여 역학적인 불평을 털어놓은 적이 있다.

"그녀는 정말 친절하고 따뜻한 사람이야. 지나칠 정도로 달콤하기까지 하단 말이지. 그런데 내가 모르는 무언가를 감추고 있는 것 같은데, 그게 뭔지 도저히 감이 안 온단 말이야."

나는 그 환자의 치료 과정을 공부하면서 동료의 이야기를 이해할 수 있었다. 그 환자의 특성은 지나치게 따뜻하고 사랑스럽다는 것이었는데, 이러한 도를 넘어선 배려심에는 매우 인위적이고 허위적인 모습이 담겨 있을 수 있다. 실제로 치료를 통해 이 환자의 친절함의 배후에 엄청난 양의 분노가 자리 잡고 있었다는 것을 확인할 수 있었다.

분노에 대한 여섯 번째 위장된 모습은 매사에 **'비판적인 태도'**이다. 이러한 분노를 내면화한 사람은 매사에 언제나 비판적이거나 비꼬는 태도를 취한다. 앞에서 언급한 다섯 가지 모습과 비교해 보면 이러한 사람들의 비판적인 태도는 겉으로 보기에 합리적이고 지적인 것처럼 보인다. 하지만 실제로는 부정적인 의식과 적대감 그리고 분노가 태도 속에 담겨 있음을 잘 알 수 있다.

위장된 분노에 관한 일곱 번째 모습은 **'소극적인 공격'** 유형이다. 이 유형의 사람들은 어떤 문제에 대하여 반대하기 위해 반대를 하며, 의도적으로 비효율적인 행동을 하고, 일의 진행을 지연시키거나 항상 뿌루퉁한 모습을 함으로써 소극적으로 공격성을 드러낸다. 당연히 이 유형의 사람들은 타인과 함께 일하기 힘들고(본인보다는 주변 사람들이) 보조를 맞추지 못하는 경향이 있다. 누군가 흰색이라고 말할 때 이들은 검은색이라고 말하며, 반대로 누군가 검은색이라고 말하면 그것을 흰색이라고 말하고 싶어 한다. 또한 이들은 종종 모임에 늦게 나타남으로써 다른 사람들을 기다리게 한다. 비록 이들의 일상이 즐거운 모습이라 하더라도 이들의 내면에는 언제나 다른 사람들의 계획을 방해하고 뒤엎을 방법을 강구한다. "이번 모임은 목요일 밤에 하는 게 어때?"라고 누군가 제안한다면 이 유형의 사람들은 "아, 미안한데 그 시간은 안 될 것 같아. 금요일 밤이 어때?"라고 대답할 것이다. 이런 유형의 사람들과 계속해서 유대감을 갖는 것은 매우 힘든 일이며 모두를 끝없이 지치게 하는 결과를 가져온다.

지금까지 일곱 가지의 주된 위장된 분노의 모습을 살펴보았다. 분노에 대한 모든 위장된 모습을 다 밝히는 것은 당연히 불가능하다. 위장된 분노의 모습은 분노를 감추려고 하는 사람만큼이나 매우 다양하게 존재할 것이다. 분노를 위장하는 것은 우리가 우리 자신을 위해 고안해 낸 감정적인 속임수이며 그것에 매인 모든 사람들은 셀 수 없이 많은 속임수에 자신을 정당화시키며 살아간다.

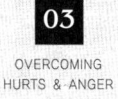

OVERCOMING
HURTS & ANGER

다스리지 못한 분노의
비극적인 결과

54세의 공인회계사 톰은 A타입과는 맞지 않는 사람이었다. A타입의 성향은 항상 조급하고, 모든 일에 경쟁적이며, 바쁘게 움직이고, 일 중독에 빠진 사람이 대부분이었다. 그러나 톰은 이러한 성격적 특성을 가지고 있지 않았다. 오히려 그의 가정생활을 살펴보면 비교적 원만하고 자신의 역할을 잘 수행하는 사람이었다. 그러나 9년 전, 국세청과 통화 도중 가슴을 쥐어짜는 듯한 심한 흉통과 고혈압이 발병했다. 그는 급하게 응급실로 실려 갔고 병원에서는 심각한 심장마비 증세로 하마터면 목숨을 잃을 뻔했다고 말했다.

평소에 톰을 잘 알고 있는 주변 사람들도 그러한 사실에 한결같이 놀란 반응이었다. 톰은 흡연자도 아니었고 가족 중에 심장질환 병력을 가진 사람도 없었다. 대개 사람들은 그의 여유로워 보이는 겉모습이 다라고 생각했다. 하지만 그의 삶을 좀 더 깊이 살펴보면 그가 냉소적이고 심한 좌절감에 시달리고 있다는 것을 알 수 있었다. 또한 불특정 다수의 사람들에게 적대감까지 가지고 있었다. 톰의 내면에는 냉소적, 적대감, 분노와 같은 A타입의 독하면서도 감춰진 부정적인 성향을 가지고 있었다.

한 연구조사에 의하면 심각한 성인병 중의 하나인 관상동맥은 분노, 적대감, 공격적인 의식 같은 A타입의 행동방식이 주요 원인이거나 병을 더 악화시키는 원인이 될 수 있다고 밝혔다. 이러한 연구의 모든 공통분모는 결국 '분노'였다.

사람을 죽이는 분노

미국에서는 분노가 주된 원인으로 판명된 심장마비 환자가 연간 36,000명에 이르고 있으며 톰의 경우가 이러한 환자의 대표적인 사례라고 할 수 있다. 이것은 분노가 실제로 '심실세동'과 '심장마비' 같은 심장박동에 문제를 일으키는 주요 원인이 될 수 있다는 사실을 보여 주고 있다. 게다가 분노는 혈관 기능이 악화되는 치명적인 혈전을 생성시키고, 혈액응고를 가속화하는 원인으로 작용하기도 한다. 또한 적대감은 건강에 '유익한' 고밀도 콜레스테롤(HDL)의 수치를 낮추고, 오히려 저밀도 콜레스테롤(LDL)을 비롯한 건강에 '해로운' 콜레스테롤의 수치를 증가시킨다.

분노에 따른 스트레스는 심장질환이 발생한 사람의 혈관을 더욱 조이거나 위축시키는 악영향을 미친다. 이것은 심장이 필요로 하는 산소 공급을 어렵게 만들어 심장 건강에 더욱 나쁜 환경을 형성하게 된다. 결국 분노가 일어났을 때 조여지고 위축된 혈관이 심장박동의 기능을 상실하게 만드는 것이다. 이와 같은 장면을 드라마나 영화에서 본 적 있을 것이다. 한 연구에 의하면 "만성적인 분노와 적대감 그리고 공격성을 가진 사람은 정상적인 사람들보다 관상동맥이나 동맥경화가 발병할 확률이 5배나 높다"라고 밝히고 있다. 그렇다면 내면에 쌓이는 분노를 어떻게 관리하고 조절해야 할까? 이에 대한 올바른 방법을 배우지 않는다는 건 심장질환을 가진 사람들만큼이나 평균수명이 현저히 짧아질 수 있는 위험성을 안고 사는 것과 같다.

톰의 사례로 다시 돌아가 보자. 그의 심장마비를 유발시켰던 고혈압의 원인은 어디에서 찾을 수 있을까? 그 원인은 단순히 심장만이 아니라 총체적인 문제로부터 야기되는 혈관 손상의 가능성이 그의 몸의 모든 부분에서 점차적으로 증가했기 때문이다. 따라서 분노, 특히 적대감이라는 심리적인 양상의 결과가 혈관 손상을 가중시키고 급기야 만성적인 고혈압으로 발전되었다고 판단했다. 즉, 분노에 대한 부적절한 관리와 대처가 결국은 고혈압으로 진전된 것이다. 톰이 분노 조절과 대처 방법을 알고 있었더라면, 고혈압을 조기 예방하거나 완화할 수 있었을 뿐 아니라 심장마비도 막을 수 있었을 것이라고 임상 보고서를 통해 밝히고 있는 바이다.

뇌졸중은 병을 유발하는 원인이 심장마비와 매우 유사한 질환 중의 하나이다. 톰은 내면에 분노가 위험 수준까지 쌓였음에도 불구하고 다행스럽게도 심장마비가 뇌졸중으로 진전되지는 않았다. 한 연구에 의하면 뇌졸중이 온 사람들의 약 54%가 뇌졸중이 오기 바로 직전에 격한 분노에 사로잡혀 있던 것으로 조사되었다. 익히 알다시피 뇌졸중은 동맥의 내벽에 비정상적으로 쌓인 혈전들이 원인이 되어 발생하는 질병이다. 따라서 분노 조절과 대처의 부족으로 인한 결과와 동맥 내의 혈전 사이에 상당히 밀접한 관계가 있다는 것이 의학적인 연구의 소견이다. 맹렬한 적대감도 혈관의 많은 찌꺼기들 사이에 혈전을 들러붙게 하는 가능성을 증가시키는 중요한 요인이 된다.

이러한 의학적인 임상 보고에 의하면 적대적인 감정이 강한 사람들이 정상인 사람들보다 신체의 면역체계가 훨씬 더 취약하다고 한다. 그래서 그런 사람일수록 원인 모를 돌연사 같은 사망률이 높은 것이며, 감정과 신체가 서로 매우 밀접한 관련이 있음을 알 수 있다. 즉, 사고든 질병이든 사망 원인과는 상관없이 분노를 어떻게 다루어야 하는지에 대한 충분한 이해와 지식은 죽음을 앞당기는 것을 막을 수 있다. 심리상태에 관한 흥미로운 한 연구에 의하면 적대감이 매우 높은 225명의 의사들이 그렇지 않은 의사들보다 사망률이 무려 7배에 달한다고 보고한 바 있다. 또 다른 보고서는 세계 인구의 약 25%가 돌연사 같은 갑작스러운 사망의 가능성이 매우 높은 수준에 있다고 제출했다.

표출된 분노

앞서 언급한 것처럼 분노가 그렇게 좋지 않다면 표출되는 분노를 그대로 내보내는 것이 건강을 지키는 대안이 될 수 있지 않을까? 왜 고함을 지르고 미친듯이 소리 지르면서 분노를 내보내면 안되는 것일까? 사람들의 일반적인 생각과는 다르게 그저 단순하게 분노를 내보내는 것은 오히려 건강에 위협을 줄 수 있다. 이러한 '분노 발산'은 심장 질병과 고혈압, 동맥경화와 우울증에까지 상당한 영향을 준다. 여러 연구에서도 분노는 발산하면 할수록 건강상의 위험이 훨씬 더 가중된다고 밝혔다.

그렇다면 지속적인 '분노 발산'이 인간관계에 미치는 영향은 무엇일까? 제1장에서 언급했던 조의 경우를 다시 한 번 살펴보자. 항상 분노에 사로잡혀 있던 그가 맞이한 결과는 무엇이었는가? 그는 만성적으로 항상 불행하다고 느끼며 살았다. 또한 종종 자살을 생각하기도 하였고, 자기 스스로 가족과 친구들이 멀어지게끔 행동하였다. 결국 그는 직업도 잃고 경제적인 문제까지 생기게 되었다. 이 모든 상황은 더 이상 결혼생활을 유지할 수 없게 만들었다. 이러한 높은 단계의 분노는 결혼생활에서 더 많은 갈등을 일으킴과 동시에 만족감은 오히려 감소하는 결과를 낳게 한다.

그러므로 말 그대로 '분노 발산'은 해답이 될 수 없다. 조에게 필요한 것은 분노를 어떻게 건설적으로 다스려야 하는가를 배우는 것이다.

억압된 분노

대부분의 크리스천은 분노가 신앙적으로 죄이며, 결코 옳은 것이 아니라고 생각한다. 따라서 분노를 일으키는 모욕적인 상황에서도 애써 무시하려고 하거나 아무렇지도 않은 듯이 처신하려고 하는 경향을 보인다. 그러나 이러한 방법은 분노를 해결하는 데 결코 도움이 되지 않는다. 분노를 이런 식으로 다루기 시작하면 언젠가는 분노를 감정적으로 인식조차 못하는 상태에 이르게 된다. 사람들은 분노를 인식하는 능력에 있어 각자 다양한 스펙트럼을 가지고 있다. 스펙트

럼의 한쪽 끝에서는 나와 또 다른 자아가 발생하는 분노 때문에 싸우고 있을지도 모른다. 그러나 반대편 끝에서는 자신에게 분노는 존재하지 않는다고 생각하고 있을지도 모른다. 그러나 이러한 분노에 대한 자의적인 부인은 내면에 쌓여 가는 억압된 부정적인 감정들을 점점 인식하지 못하게 마비시키면서 분노로 인해 형성되는 상처들을 무의식의 영역으로 침전시켜 버린다. 자신의 분노를 다른 사람들에게 보이지 않으려 철저하게 감추는 것 또한 같은 경우로 볼 수 있다. 명백하게 화가 날 만한 상황임에도 불구하고 "아냐, 나 화 안났어!"라고 하며 손을 휘젓는 경우가 그러하다. 하지만 정작 자신의 내면에서는 강한 침묵과 침착한 모습으로 분노를 억누르기 위해 홀로 사투를 벌이고 있는 것이다. 남에게 들키지 않기 위해 기를 쓰고 말이다. 남들이 보았을 때 이런 사람들은 마치 자신의 감정을 완벽하게 조절하고 절제하는 것처럼 미화될 수 있지만 실제로는 자신의 내면 깊은 곳에 엄청난 크기의 분노가 저장되고 있는 것이다.

나는 분노가 인간의 또 다른 삶의 동력이라고 생각한다. 분노는 쉽게 사라지지 않는다. 우리 내면에 자리 잡고 있으며 때로는 그 형태가 변하기도 한다. 또는 적절한 때에 밖으로 나오고 말 것이다. 분노를 타인에게 마구잡이로 발산하거나 반대로 분노 자체를 인정하지 않는다 하더라도 '해결되지 않는 분노의 앙금'은 우리 속에 차곡차곡 쌓여 간다. 우리가 우리의 분노를 건강하게 다스리지 못할수록 그 앙금들은 더욱더 많이 쌓여 갈 것이다. 이렇게 쌓인 분노는 예측

할 수 없는 다양하고 잡다한 형태로 신체나 정신에 병리적인 영향을 주게 된다. 한 연구에 따르면 "자신의 감정이나 생각이 계속해서 억압받거나 저지당하면…… 결국 명백하게 질병의 결과로 나타나게 되며…… 그러한 외상 후 오는 트라우마는 그들을 손상된 상태로 갇혀 살게 만든다"라고 밝히고 있다.

이 연구는 특히 '분노에 휩싸인' 채로 살아가게 하는 만성적인 분노의 위험성에 대하여 말하고 있는데, '분노에 휩싸인 존재'라는 표현은 정확히는 내가 주장하려는 개념에 가장 적합한 표현은 아니다. 오히려 '분노 억제자', 혹은 '분노 억압자'라는 표현이 더욱 알맞을 것이다.

앞서 우리는 분노로 인해 수많은 질병들이 발병하는 이유를 확인한 바 있다. 그러나 억압된 분노만큼 치명적인 것은 없다. 분노를 부정하는 사람들이 분노를 억압하면서 진행된 관상동맥이 가장 심각한 수준이라는 연구조사가 있을 정도이다. 또한 수많은 연구에서 억압된 분노와 고혈압이 매우 밀접한 관계가 있다고 보고했다. 분노를 건강하게 다스리며 기다리는 것이 아닌, 단순히 억압하는 것은 언제나 혈압 상승의 주요한 원인이 될 수 있다. 심리 요인에 따른 혈압 상승을 '반사 반응'이라고 부르는 것은 분노의 영향이 잠재적으로 신체의 분노를 유발할 수 있다는 것을 증명해 주는 것이다. 혈압의 상승은 단순히 분노를 표출하거나 억압하는 문제해결 방식에서 나타나는 전형적인 후유증이다. 이 사실을 통해 분노를 발산하는 쪽이든 억압하는 쪽이든 둘 다 분노를 관리하는 이상적인 방법은 아니라는 것이 증명되었다.

'분노 억제자'는 다음과 같은 특징을 보인다. 첫째, 자신의 분노를 지속적으로 억압한다. 둘째, 누구나 분노를 느끼는 상황임에도 분노를 부정한다. 셋째, 분노를 표현하는 것에 죄책감을 느낀다. 이런 사람들은 오히려 감정이 격양된 상황에서 평소보다 더욱 상냥한 모습을 보인다.

따라서 지켜보는 사람들에게 이들은 성격이 좋고, 순종적이며, 유화적이고, 공격적이지 않은 사람으로 비춰지고, 또한 감정적으로 매우 수용적인 사람처럼 보이게 된다. 이들은 자신의 요구와 감정들은 특히 분노를 나타내는 것에 지속적으로 방어막을 친다. 다른 사람들이 싫어할지도 모르는 반응을 억제하면서 충돌을 회피하려고 한다. 그럼으로써 다른 사람에게 받은 상처를 곰곰이 되씹는 경향이 강하다.

분노 억제자가 자신의 내면에 쌓아올리는 이러한 문제들은 점차 커져서 나중에는 감당할 수 없을 만큼 어마어마한 양을 이루게 된다. 우리는 이미 앞서 분노가 고혈압과 관상동맥의 심각한 원인이 된다는 점을 배웠다. 또한 내면으로 향하는 분노는 우울증의 원인이 된다는 것도 알게 되었다. 물론 우울증을 야기하는 수많은 다양한 요소들이 존재하지만, 억압된 분노가 암 유발의 가능성을 증가시키고 결장암이나 유방암을 일으키는 데 주요한 역할을 한다는 것을 아는 사람들은 많지 않다.

분노로 말미암아 유발되는 수많은 질병들의 이름을 살펴보자. 일반적인 정신질환, 대장염, 섭식장애, 소화장애, 측두하악골 관절통증, 근골격계 통증, 요통, 두통, 두드러기, 천식, 비만, 피부염, 성욕감퇴, 만성피로, 수면장애, 잡다한 정서장애, 감염, 민감증 등이 있다.

위와 같은 증세를 가지고 있는 사람들은 질병으로 인한 신체적 고통 때문에 그 질병의 기저에 무엇이 작용하는지, 혹은 그것이 어떻게 자신들의 건강을 위협하는지 알아차리지 못한다. 결국 그들의 무의식은 보편적으로 명백히 나타나는 신체적인 증상과 병리성에 대해서만 인지하고 수용하게 된다. 오히려 이를 이용해 무의식 속에 자리 잡고 있는 분노를 억제해 버리고 만다. 그러나 이러한 시도는 분노의 문제를 더욱 복잡하게 만드는 결과를 초래한다. 결국 사람들은 많은 질병의 원인이 되는 분노의 뿌리를 찾지 못하고 쉽게 알아볼 수 있는 신체적인 문제들에만 신경을 쓰게 되어 버린다.

은폐된 살인자, 분노

인간이란 휴화산과 같은 존재이다. 휴화산은 일시적인 휴면기를 갖고 있지만, 충분하게 데워지고 압력이 상승하면 결국 상상할 수 없는 엄청난 규모의 폭발을 일으키게 된다. 이것은 수많은 살인의 원인을 보면 알 수 있다. 실제로 발생하는 살인사건 중에 매우 많은 부분을 차지하는 사건이 가족들 사이에 일어나는 존속살인이라는 점은 우리에게 시사하는 바가 크다. 가족들 간에 빈번하게 살인이 일어나는 이유는 분노라는 감정이 가장 쉽게 폭발할 수 있는 곳이 가정이기 때문이다. 결국 자신의 배우자와 연인 혹은 친구들이 가장 흔한 피해자이며, 살인이 가장 많이 이루어지는 곳은 역설적이게도 가정이 되었다. 이 살인자들은 결코 전과 기록이 있는 범죄자들이 아니다. 어떤 작가가 언급한 것처럼 실제 살인의 주요한 원인은 적대감을 통제하지 못한 사람의 우발적인 결과로 인해 발생한다. 이런 사람들은 평소에는 매우 착하고, 순진하며, 수동적이고 자신의 감정을 잘 통제하는 것처럼 보인다. 하지만 내면에는 자신조차도 인식하지 못했던 분노로 인해 생긴 부정적인 감정들이 억압된 채, 자신의 내면을 은폐된 형식으로 구성하고 있는 사람들이다. 결국 잠재된 분노와 적대감이 우발적인 기회를 만나 살인으로 나타나게 된다.

예전에 살인으로 유죄 판결을 받았거나 복역 중인 재소자들을 만나 상담을 진행했던 심리 상담가의 강연을 들은 적이 있다. 그는 강의에서 재소자들 중 상당히 많은 사람들이 처음부터 누군가를 살해하려는 의도를 가지고 있지 않았다고 말했다. 또한 자기 속에 그러한 강력한 분노가 잔존하고 있다는 것을 인지하거나 혹은 분노를 조절하는 것에 문제가 있다고 느끼는 사람이 거의 없었다고 말했다. 그들은 과속 같은 그 흔한 교통 법규조차 위반해 본 적이 없는 소위

법 없이도 살 수 있는 사람들이었다. 그렇다면 도대체 그들의 내면에서 무슨 일이 일어났던 것일까? 그들은 자신에게 일어나는 소소한 분노를 어떻게 건강하게 다스려야 하는지 잘 알지 못했고, 결국 해소되지 않은 분노가 자신의 내면에 층층이 쌓이도록 내버려 두었다. 이렇게 쌓인 사소한 분노들은 어느 순간에 그들의 한계를 뚫고 폭발함으로써, 그 분노의 파괴력이 폭력으로 변하여 자신의 근친이나 이웃을 심각하게 가해하는 결과로 나타나게 된 것이다.

분노의 대가는 상상할 수 없을 정도로 가히 충격적이다. 다음의 통계들을 한번 살펴보자. 놀랍게도 미국은 서구 선진국 중 살인 비율이 가장 높은 나라로 나타난다. 특히 15세에서 24세의 청소년들의 사망 원인 중 두 번째로 큰 원인이 살인으로 조사되었다. 이 비율은 미국에서 남편에 의해 살해당하는 여성의 비율의 약 40%에 육박하는 수치이다. 또한 남편이나 연인에 의해 폭력이나 구타를 당하는 여성들의 수가 매년 400만 명에 달하고 있다. 이것에 덧붙여, 분노는 심장마비와 뇌졸중, 그리고 또 다른 위험한 질병의 원인으로 작용하고 있을 뿐만 아니라 모든 인간관계에 심각한 악양향을 미치는 등 그 대가는 상상을 초월하는 결과를 가져온다.

OVERCOMING
HURTS & ANGER

분노에 대한 성경적 원리

우리는 누군가에게 화를 내는 것이 죄라는 설교를 성경 말씀의 인용과 더불어 듣게 된다. 실제로 성경 말씀도 분노는 하나님이 원하시는 것이 아니라고 명백히 말씀하고 있다. 그러나 또 다른 성경 구절에서는 반대로 분노가 옳은 일이라고 증언하고 있다. 그렇다면 우리는 이와 같은 상반된 모순을 어떻게 받아들여야만 할까?

> "너희는 모든 악독과 노함과 분냄과 떠드는 것과 비방하는 것을 모든 악의와 함께 버리고"(엡 4:31)

"분을 그치고 노를 버리며"(시 37:8)

"…형제에게 노하는 자마다 심판을 받게 되고"(마 5:22)

위의 성경 구절들은 분노를 잘못된 것으로 말씀하고 있다. 그러나 다음 성경 구절을 보면 반대로 분노를 용납하고 있는 것을 확인할 수 있다. 아래의 구절들을 읽어 보자.

"너희는 떨며(Be angry, 분노하며) 범죄하지 말지어다"(시 4:4)

"분을 내어도 죄를 짓지 말며"(엡 4:26)

이것은 분명 우리가 지금까지 생각해 온 상투적인 모습과는 상반된다. 그러나 성경을 깊이 묵상해 보면 하나님의 뜻에 순응하는 주요한 인물들이 사역의 중요한 방법으로 분노를 사용한 것을 알 수 있다. 예를 들어 모세가 하나님의 뜻을 따르는 족장이었다는 것은 모두가 인정하는 자명한 사실이다. 그러나 그도 때로는 상상할 수 없는 극단적인 분노를 표출하였다. 바로 모세가 하나님께서 주신 십계명이 새겨진 돌판을 들고 부족들에게로 돌아왔을 때이다. 모세는 부족들이 하나님을 버리고 우상을 숭배하고 있는 모습을 목격하게 된다. 너무나 격분한 그는 자신이 가지고 온 십계명이 새겨진 돌판을 그들의 머리 위로 던져 버린다(출 32:19). '하나님의 마음에 합한 자'(행 13:22)라는 말을 들었던 다윗도 자신의 종복인 웃사가 하나님의 궤를 보호하기 위해 날뛰는 수레에 실린 궤를 손으로 잡았다가 하나님의 징계를 받아 그 자리에서 죽는 모습을 보고 하나님 앞에 격렬하게 분노했다(삼하 6:6-8).

이처럼 하나님의 부르심을 입은 자들이 분노하는 모습을 성경 곳곳에서 찾아볼 수 있음에도 불구하고 우리는 성경에서 일반적으로 언급하고 있는 분노는 죄라는 판단의 범주로 인해 명확한 결론을 내리지 못하고 있다. 누군가는 우상 숭배라는 악행에 대한 모세의 질책이 마땅하다고 주장한다. 하지만, 또 다른 누군가는 그가 분노하여서 거룩한 계명이 기록된 돌판을 함부로 집어던진 것은 결코 바람직한 모습이 아니라고 주장한다. 또한 어떤 사람들은 다윗이 하나님 앞에서 그렇게 빈번하게 분노를 드러내지 말았어야 했다고 주장한다.

그런데 성경에서 가장 자주 분노를 표현하는 존재가 누구인지 아는가? 그것은 바리새인도, 팔레스타인 사람도, 또는 다른 이방인도 아닌, 바로 하나님 그 자신이시다. 하나님은 분노하시지만 결코 분노로 말미암아 정죄 받지 않으신다. 히브리어로 '분노'라는 단어는 구약 성경에서 약 455회 정도 언급되며, 그중에서 375회가 하나님의 분노에 관한 언급이다.

분노로 말미암아 정죄 받지 않는 또 다른 존재는 예수님이시다. 신약에서 예수님께서는 우리가 상상하는 매우 거룩하고 경건한 이미지와는 달리 강하게 자신의 분노를 표출하셨다. 마가복음 3장에는 예수님의 공생애 사역 중에 손 마른 자의 손을 고쳐 주시면서 주변에서 구경만 하고 있던 방관자들에게 '그들의 마음이 완악함을 탄식하사 노하셨다'고 예수님의 분노에 대하여 언급하고 있다(막 3:5). 또한 마태복음 21장에는 예수님께서 성전에 올라가셨을 때 성전 앞에서 돈을 환전해 주는 악독한 환전꾼들을 보시고 상을 둘러엎고 채찍을 휘둘러 그들을 내쫓으시며 "내 집은 기도하는 집이라 일컬음을 받으리라 하였거늘 너희는 강도의 소굴을 만드는도다"(마 21:13)라고 분노에 차서 책망하는 모습을 보이셨다. 마태복음 23장에서 예수님께서는 위선적인 바리새인들을 향해 "외식하는 서기관들과 바리새인들이여 회칠한 무덤 같으니 겉으로는 아름답게 보이나 그 안에는 죽은 사람의 뼈와 모든 더러운 것이 가득하도다"(마 23: 27)라고 그들을 책망하셨다.

물론 성경의 보편적인 측면에서는 우리가 분노하지 말아야 한다고 하지만 위와 같은 사례가 우리에게 말해 주고 있는 것은 하나님과 예수님처럼 그분의 의도와 목적에 부합하는 순간에는 우리도 분노를 표현해야 한다는 것이다. 그렇다면 이런 모순적인 상황을 어떻게 이해해야만 하는 걸까? 우리는 어떻게 조화롭게 하나님의 뜻에 따라 화를 내고, 하나님의 뜻에 따라 화를 내지 말아야 하는 걸까?

분노에 대한 성경적 이해

나는 그 해답의 실마리를 성경 말씀을 묵상하던 중 찾을 수 있었다. 바로 성경에서 분노를 표현하기 위해 쓰인 단어의 히브리어를 찾아 어원을 연구하는 것이었다. 히브리어로 '분노'라는 단어는 주어진 상황에 따라 의미상에 미묘한 차이를 보이고 있었는데, 예를 들어 공평하신 하나님의 정의로운 분노와 사울이 다윗을 살해하려 했을 때 보인 악의적인 분노에 쓰인 의미가 미묘하게 다르다는 것이다 (삼상 129:10).

성경에서 분노를 쓸 때 가장 많이 쓰인 히브리어는 'אף (aph)'이다. 이 단어는 구약에서만 약 3~4백 회 사용되었는데, 특히 하나님께서 분노를 통하여 자신의 자명한 공의를 나타내실 때 자주 사용되었다. 민수기를 보면 "여호와께서 들으시기에 백성이 악한 말로 원망하매 여호와께서 들으시고 진노(אף)하사 여호와의 불을 그들 중에 붙여서 진영 끝을 사르게 하시매"(민 11:1)라는 구절에서 사용된 것을 볼 수 있다. 또한 이 단어는 모세가 시내 산에서 가지고 온 돌판을 이스라엘 백성을 향해 집어던진 격분의 상황에도 사용되었다.

그뿐만 아니라 발람이 당나귀에게 화를 내는 부적절한 분노의 표출에도 사용되었으며(민 22:27), 시편에 "분을 그치고 노를 버리며 불평하지 말라 오히려 악을 만들 뿐이라"(시 37:8)라는 구절에도 이 단어가 쓰였다. 즉 이 단어는 하나님의 공의로운 분노의 표출뿐만 아니라 모세의 인간적인 분노 그리고 발람의 부적절한 분노의 표현으로도 사용되었지만 분노의 의미는 다르다는 것을 알 수 있다.

신약 성경을 살펴보면 그리스어로 가장 빈번하게 사용되는 분노는 'orge(orge)'이다. 이 단어의 본래 어원은 '인간의 본능적인 충동, 욕망, 또는 성향'을 의미했는데 시간이 지나 '분노'를 나타내는 가장 보편적인 단어로 쓰이게 된다. 즉, 그리스인들은 '분노'를 마치 식물이나 과일 속에 들어있는 수분처럼 인간의 몸 속에 당연히 존재하는 본능으로 여겼다는 것을 알 수 있다. 이 단어는 구약에서처럼 신약 성경에서도 하나님과 예수 그리스도의 분노를 나타내는 단어로 사용되었지만(막 3:5, 롬 9:22, 히 3:11), 에베소서에 보면 "너희는 모든 악독과 노함과 분냄과 떠드는 것과 비방하는 것을 모든 악의와 함께 버리고"(엡 4:31)라는 말씀을 통해 인간의 부적절한 분노를 언급할 때도 사용되었다. 또한 "내 사랑하는 형제들아 너희가 알지니 사람마다 듣기는 속히 하고 말하기는 더디 하며 성내기도 더디 하라"(약 1:19)라는 야고보서의 말씀에도 이 단어가 사용되었는데, 이처럼 구약 성경과 마찬가지로 신약 성경에서도 '분노(orge)'라는 단어가 '하나님의 공의'와 '인간의 부적절한 분노'를 나타낼 때 함께 쓰이고 있다.

분노를 나타내는 또 다른 그리스어인 'orgizo'는 '화가 난'이란 뜻인데, 마태복음 5장 22절에서 "나는 너희에게 이르노니 형제에게 노하는 자마다 심판을 받게 되고"라는 예수님의 말씀에서 이 단어가 사용되었다. 이 구절에서 'orgizo'는 예수님께서 화를 내는 사람들(orgizo)에게 강한 경고를 할 때 사용되었다. 반대로 "분을 내어도 죄를 짓지 말며"(엡 4:26)라는 구절에서는 이 단어가 매우 긍정적인 분노 표출의 의미로 사용된 것을 볼 수 있다.

위의 내용으로 비춰보아 성경에서 '분노'는 각각의 상황에 따라 긍정적이거나 부정적일 수도 있고 혹은 중립적일 수도 있다는 것을 알았다. 그뿐만 아니라 '분노'가 사용된 각 구절을 통해 어떤 분노가 정당한지 아닌지를 확인할 수 있었다.

이를 바탕으로 우리는 살면서 맞게 되는 분노의 상황이 합당한지 아닌지를 신중하게 판단해야 한다. 왜냐하면 분노는 그 자체로써 '중립적'이기 때문에 옳거나 그르거나, 적절하거나 부적절하거나, 거룩하거나 죄가 되거나 하는 문제가 아니라는 것이다. 이것이 내가 오랫동안 환자들을 치료하면서 얻은 분노에 대한 결론이다.

"분노란 시작되는 진정한 원인이 무엇인가를 파악하는 것, 그리고 분노를 표현하는 방법이 얼마나 그 상황에 적절한가를 파악하는 것이다."

이 문장은 보편적으로 심리학적인 관점에서 말하는 분노로 중립적인 감정 중 하나라고 정확하게 알려 주고 있다. 즉, 분노는 감정 중의 하나일 뿐 심리학적인 관점에서나 성경에서 서술하는 관점이 거의 같다. 분노가 적절한 것인가 아닌가의 문제가 아닌 분노를 얼마나 건설적으로 다룰 것인가와 같은 맥락이라고 볼 수 있다.

분노에 대한 열 가지 성경적 원리

성경에는 분노를 어떻게 올바르게 다스려야 하는가에 대해 많은 지침을 제시하고 있다. 말씀을 주의 깊게 묵상하면, 명백하게 눈에 띄는 열 가지의 중요한 원리를 찾아낼 수 있다.

첫 번째, 분노는 하나님께서 인간에게 계시를 나타내시는 방법이다.
분노는 하나님께서 인간에게 가장 효과적으로 그분의 심원한 뜻을 담은 계시를 전달하기 위한 방법 중 하나이다. 그러므로 분노를 포함한 다양한 감정들은 하나님께서 주신 귀중한 선물이며 하나의 도구라 할 수 있다. 창세기 1장 26절과 27절 말씀을 보면 하나님의 지혜를 담아 자신의 형상대로 인간을 만드시고, 특히 인간을 창조하실 때 특별하게 예비하신 것 중의 하나가 바로 분노를 사용할 수 있는 능력을 주셨다는 것을 알 수 있다. 분노를 비롯한 인간의 감정은 하나님을 잘 섬기고 순종하기 위해 예비된 능력이다. 이런 감정의 가치를 모르고 능력을 부인하는 것은 하나님께서 인간을 창조하신 섭리와 뜻을 부인하는 것과 다름없다.

두 번째, 분노 자체는 언제나 중립적인 감정일 뿐이다.
우리가 앞서 언급한 것처럼 분노는 본질적으로 악하거나 선한 것, 혹은 옳거나 나쁜 것이 아니다. 야고보는 "엘리야는 우리와 성정이 같은 사람이로되"(약 5:17)라며 위대한 선지자 엘리야와 우리가 본질적으로 동일한 성정의 사람임을 상기시켜 주었다. 때로는 분노란 단어가 불, 힘, 성적인 욕망 등을 상징적으로 대변하기도 하는데 이러한 것들은 본질적으로 그 자체가 옳거나 잘못된 것으로 판단할 수 있는 것이 아니다. 오히려 그것들을 어떻게 사용하는가가 옳고 그름의 문제를 불러일으킬 뿐이다. 오늘날 크리스천들은 과거의 조상들이 모든 성적 욕망을 죄악으로 정죄해 버리는 재앙적인 결과를 초래한 것과 같이 분노 그 자체가 마치 잘못인 것처럼 비판을 가하는 심각한 오류를 범하고 있다.

세 번째, 감정에 귀를 기울이되 절대 감정에 휘둘려서는 안 된다.

"내 사랑하는 형제들아 너희가 알지니 사람마다 듣기는 속히 하고 말하기는 더디 하며 성내기도 더디 하라"(약 1:19)

"노하기를 더디하는 자는 용사보다 낫고 자기의 마음을 다스리는 자는 성을 빼앗는 자보다 나으니라"(잠 16:32)

"노하기를 더디 하는 것이 사람의 슬기요"(잠 19:11)

위의 성경 구절을 읽어 보면 절제된 분노의 가치에 대하여 말씀하고 계신 것을 알 수 있다. 우리는 우리의 내면에서 발생하는 분노에 대하여 섬세한 파악이 필요하지만, 분노에 의해 우리의 의식이 지배당하는 것은 결코 바람직한 것이 아니다. 따라서 단순히 감정에 휘둘려서 판단하고 행동하는 졸렬한 존재로 전락하지 말아야 한다.

네 번째, 분노 표출을 너무 서두르지 말아야 한다.

"급한 마음으로 노를 발하지 말라" (전 7:9)

"말하기는 더디 하며 성내기도 더디 하라" (약 1:19)

"너는 서둘러 나가서 다투지 말라" (잠 25:8)

이처럼 성경은 우리에게 분노 표출을 절제할 것을 권면하고 있다. (이외에도 시편 103:8, 145:8, 잠언 15:18, 디도서 1:7에서 관련된 구절들을 찾아볼 수 있다.)

다섯 번째, 분노를 비롯한 부정적인 감정 해소를 미루지 말아야 한다.

우리는 분노를 성급하게 표출해서는 안 되지만 부정적인 감정이 극단적인 생각으로 치닫지 않게 하려면 가능한 한 빨리 해소하고 정리해야 한다. 이 원리는 아주 중요한 포인트라고 할 수 있는데, 만약 누군가가 당신에게 상처를 주거나 분노하게 만들었다면 늦어도 몇 시간 안에는 그 문제해결을 위해 대화를 시도하는 것이 가장 바람직하다고 할 수 있다. 많은 사람들은 대부분 분노가 가라앉을 때까지 며칠, 몇 달, 혹은 몇 년을 기다린다. 이처럼 빠르게 해결되지 않은 분노와 상처는 내면에 차곡차곡 쌓여 그 부정적인 감정의 무게로 말미암아 자신의 삶 속에서 허우적거리고 비틀거리며 비참한 삶을 살게 된다.

"분을 내어도 죄를 짓지 말며 해가 지도록 분을 품지 말고"(엡 4:26). 우리는 이 에베소서의 성경 구절을 통해 분노를 빠르게 해결하는 것이 중요하다는 것을 세 가지를 들어 확인할 수 있다.

첫째, 가장 보편적인 이해로 시간 개념이다. 즉, 해가 지도록 분을 품지 말라는 권면은 우리가 그날 잠자리에 들기 전에 문제를 해결하는 것이 가장 바람직하다는 의미이다.

둘째, 태양(해)은 그리스어로 'helios'인데 이는 빛과 열이 주는 혜택과 심판(하루의 시작과 끝)을 의미하기도 한다. 다시 말하자면, 즉 이것은 '당신이 적절한 행동을 하기에 앞서 부정적인 감정을 약화시키는 데 너무 오랜 시간을 낭비하지 말라'는 권면의 의미로 볼 수 있다. 이러한 분노해결 방법은 나중에 좀 더 자세하게 언급하겠지만, 어떤 특정한 조건으로 인해 화가 난 경우 쓸 수 있는 매우 유용한 방법 중의 하나이다.

셋째, 성경의 몇몇 구절들(요 9:4, 갈 6:10)은 하루를 중요한 기회의 시간으로 언급하고 있다. 따라서 세 번째로 가능한 해석은 우리에게 아직 기회가 남아있을 때 문제를 해결함이 바람직하다는 것이다. 예수님께서 환전 상인들을 혼낼 기회를 계속 기다리고 계셨다면 아마도 성전을 정결하게 할 기회를 잃어버리셨을지도 모르는 일이다.

에베소서 4장 26절의 말씀을 오늘날의 관점으로 다시 정리해 보자면, "분노를 표출하는 것은 때로는 필요하고 합당하지만 그 과정이 하나님 보시기에 결코 죄가 되지 않도록 주의해야 한다. 또한, 너무 많은 시간이 흘러 분노의 감정이 돌처럼 굳어 문제를 해결할 가장 좋은 기회를 잃어버리기 전에 분노의 감정을 건강하고 바람직하게 이용하라"라고 요약할 수 있다.

여섯 번째, 분노할 때 죄에 빠질 위험성이 어느 때보다도 높아진다.

"분을 내어도 죄를 짓지 말며 해가 지도록 분을 품지 말고…"

위의 에베소서 4장 26절 말씀을 다시 한 번 살펴보자. 바울은 이 말씀과 더불어 "마귀에게 틈을 주지 말라"(엡 4:27)라고 하며 분노의 즉각적인 해소가 마귀에게 틈을 주지 않는 방법이라고 말하고 있다. 이러한 권면은 민수기 20장 7절에서 10절 말씀에서도 확인할 수 있다. 모세는 우상을 섬기는 이스라엘 백성에게 화가 났다. 그런 모세에게 하나님께서는 문제를 어떻게 지혜롭게 다룰 것인지를 친히 알려 주셨다. 그러나 모세는 너무 화가 난 나머지 하나님의 말씀을 차분하게 듣지 못하고 만다. 이처럼 우리의 분노도 하나님께서 주시는 말씀을 멀리하게 하고 마귀에게 틈을 주게 만든다.

"노하는 자는 다툼을 일으키고 성내는 자는 범죄함이 많으니라"(잠 29:22)

"노하기를 더디 하는 자는 크게 명철하여도 마음이 조급한 자는 어리석음을 나타내느니라"(잠 14:29)

위의 말씀도 이와 같은 분노의 위험성에 대하여 경고하고 있다.

일곱 번째, 분노는 죄로부터 발현되기 때문에 인간에게 어쩌면 악이 될 수 있다.

합당한 근거와 정당한 토대로 일어난 분노가 아니라면, 그것은 명백히 악이 될 수밖에 없다. 역대하 16장 7절에서 10절 말씀을 보면 유다 왕 아사는 하나님을 신뢰하지 않고 오히려 아람(시리아)의 왕을 더 신뢰한다. 선지자는 그에게 유다가 전쟁에 휩싸이게 된 것은 결국 당신의 죄 때문이라고 경고하였다. 그러나 아사 왕은 그런 선지자들의 말에 화를 내며 선지자를 감옥에 가두고 백성들을 더욱 혹독하게 억압했다. 선지자의 경고가 사실임에도 불구하고 자신이 듣고 싶은 말이 아니라는 이유로 그 분노를 다른 사람에게 발산한 것이다. 열왕기상 20장에서 21장에도 보면 아합 왕이 주변의 상황이 제

뜻대로 굴러가지 않자 강하게 자신의 분노를 표출한 것을 알 수 있다. 명백한 사실은 이 두 사람의 분노가 하나님이 보시기에 합당하고 정당한 분노가 아니라는 점이다. 즉, 어떤 일이 자신이 원하는 대로 이루어지지 않는다고 하여 그 일이 하나님 보시기에 의로운 일이 아니라는 것이 명확함에도 불구하고 화를 낸다면, 그 분노는 명백히 하나님 앞에 죄를 짓는 것이라고 할 수 있다.

여덟 번째, 분노가 만성적으로 쌓여 있다면 당신은 죄를 짓고 있는 것이다.

새영어성경(NEB)에서 에베소서 4장을 살펴보면 분노를 자위적으로 다룸으로써 분노가 비탄과 격분으로 바뀌게 될 때의 위험성에 대해 경고하고 있다.

> "화를 내더라도, 죄를 짓는 데까지 이르지 않도록 하십시오. 해가 지도록 노여움을 품고 있지 마십시오. 악마에게 틈을 내어 주지 마십시오." (엡 4:26-27)

이처럼 성경은 만성적인 분노(비탄과 격분의 뿌리)가 결국 우리를 비탄과 격분에 빠지는 죄를 짓게 만든다는 사실을 가르쳐 주고 있다.

> "너희는 하나님의 은혜에 이르지 못하는 자가 없도록 하고 또 쓴 뿌리가 나서 괴롭게 하여 많은 사람이 이로 말미암아

더럽게 되지 않게 하며"(히 12:15)

우리는 때때로 아무 생각 없이 주기도문을 습관적으로 고백한다. "우리가 우리에게 죄 지은 자를 사하여 준 것 같이 우리 죄를 사하여 주시옵고……." 실제로 우리가 고백한 이 기도의 내용을 실현하기 위하여 분노의 죄를 멈추는 사람은 거의 없다. 주기도문이 수록된 마태복음 6장 13절에 이어서 다음 구절인 15절에는 "너희가 사람의 잘못(신중하지 못하고 고의적인 죄들, 방관하고 무시해 버린 분노들)을 용서하지 아니하면 너희 아버지께서도 너희 잘못을 용서하지 아니하시리라"라고 말씀하고 있다. 그러므로 분노의 감정에 어리석게 계속 매달리는 것은 결국 하나님의 용서를 방해하는 것이고 매우 파괴적인 결과를 낳게 된다.

아홉 번째, 보복적인 분노는 죄이다.

성경은 보복적이고 악의적인 분노는 죄라는 사실을 분명히 말씀하고 있다. 성경에 나오는 '분노를 그치라'는 구절은 보복이 발생할 수 있는 어떤 상황에서도 적용되는 하나님의 말씀이다.

> "분을 그치고 노를 버리며 불평하지 말라 오히려 악을 만들 뿐이라"(시 37:8)

> "할 수 있거든 너희로서는 모든 사람과 더불어 화목하라 내

> 사랑하는 자들아 너희가 친히 원수를 갚지 말고 하나님의 진노하심에 맡기라 기록되었으되 원수 갚는 것이 내게 있으니 내가 갚으리라고 주께서 말씀하시니라 네 원수가 주리거든 먹이고 목마르거든 마시게 하라 그리함으로 네가 숯불을 그 머리에 쌓아 놓으리라 악에게 지지 말고 선으로 악을 이기라"(롬 12:18~21)

열 번째, 분노는 반드시 정당한 것이어야 한다. 그렇지 않으면 하나님께서 결코 기뻐하지 않으신다.

마지막 열 번째 원리는 성경에서 말하는 분노에 대한 가장 선명한 것이다. 바로 하나님께서는 정당한 분노는 인정하시지만, 그렇지 않은 분노에 대해서는 결코 기뻐하지 않으신다는 것이다. 하지만 반대로 정당한 분노가 필요함에도 불구하고 분노하지 않은 때에도 하나님은 기뻐하지 않으신다.

> "사울이 이 말을 들을 때에 하나님의 영에게 크게 감동되매 그의 노가 크게 일어나…"(삼상 11:6)

위의 말씀을 보면 사울의 분노가 정당함에서 출발하여 표출되었음을 알 수 있다. 또한 느헤미야 5장에도 하나님 말씀의 대리자인 선지자가 이스라엘 백성들의 죄를 책망하기 위해 강하게 분노를 표출하였음을 확인할 수 있고(느 5:6~9), 하나님께서 모세에게 강력하게 분노를 발하시면서 미디안 족속들을 깡그리 쓸어버릴 것을 요구하신 일도 신명기 25장 16절에서 17절 말씀을 통해 알 수 있다.

한 유명한 성경 주석가가 에베소서 4장 26절의 "분을 내어도"라는 문구를 그리스어로 해석하여 "마땅히 해야만 하는 지속적인 행위에 대한 명령"이라고 주석한 것은 매우 탁월하다고 생각한다. 즉, 이 구절은 분노가 필요한 상황에 대한 하나님의 명령으로 해석되는 것이다.

만약 예수님께서 성전 입구의 환전 상인들을 보고도 분노하지 않으심으로 죄를 짓게 되는 가능성을 생각해 본 적 있는가? 만약 예수님께서 분노하시고도 상을 둘러엎지 않으셨다면 그들의 불법을 용납하는 것이 되었을 것이다. 분노를 발해야 할 명백한 상황과 정당함이 있다면 합당하게 발해야 한다. 그렇지 않으면 하나님께 책망받는 사람이 되는 것은 당연하다. 우리는 성경에서 이와 같은 대표적인 인물을 볼 수 있는데 바로 엘리 대제사장이다. 그는 자기의 아들들이 하나님께 드려지는 제물을 마음대로 편취하고 온갖 악행을 저질렀음에도 불구하고 제대로 책망하지 않아 그들을 불행한 결과로 이끌고 말았다. 강력한 분노가 필요한 상황임에도 매우 수동적인 태도를 보였기 때문이다. 심지어 자신과 아들들을 포함한 모든 식솔을 죽게 하신다는 하나님의 경고에도 기껏 "내 아들들아 그리하지 말라 내게 들리는 소문이 좋지 아니하니라"(삼상 2:24)라는 가벼운 나무람뿐이었다. 자신의 아들들의 악행에 대한 이러한 미온적인 태도는 하나님의 심판에 대한 강력한 경고를 듣지 못하게 만들었다. 그뿐만 아니라 그들이 악행을 그치고 회개할 수 있는 기회를 놓치게 했고, 결국 하나님의 분노와 심판의 제물이 되는 결과를 낳고 말았다.

이스라엘 민족이 아론에게 자신들이 섬길 황금 송아지를 만들어 달라고 요구하자 두려웠던 아론은 결국 그들의 요구를 들어주고 말았다.

> "모세가 본즉 백성이 방자하니 이는 아론이 그들을 방자하게 하여 원수에게 조롱거리가 되게 하였음이라"(출 32:25)

만약 모세가 돌판을 그들의 머리 위로 집어던진 것처럼 아론이 강력한 분노로 그들의 악을 책망했더라면 어땠을까? 고린도 교회의 영적 지도자들이 '아버지의 아내'를 취하는 근친상간의 죄에 대하여 강력한 분노로 책망했더라면, 사도 바울로부터 그러한 책망의 소리를 듣지 않았을 것은 자명한 사실이다(고전 5).

"분을 내어도(be ye angry) 죄를 짓지 말라"는 구절이 강조하는 의미는 "적절한 분노를 발하라. 그리하면 죄를 짓지 않게 될 것이다"라는 것이다.

많은 사람들은 여전히 정말로 화를 내야 할 때 화내지 않는다. 그렇게 되면 삶에 있어서 정말로 중요한 문제를 해결하는 데 필요한 동력을 잃어버리는 결과를 낳게 된다. 물론 우리가 풀어야 할 앞으로의 과제는 '어떻게 적절한 때에 정당한 분노를 사용해야 하는가'라는 점일 것이다. 이 문제는 다음 장에서 다루기로 하자.

05

OVERCOMING
HURTS & ANGER

당신은 분노를
어떻게 다루고 있는가

　분노란 사소한 짜증에서부터 격분에 이르기까지 다양한 강도의 불쾌한 감정 상태를 말한다. 이 불쾌한 기분은 나 자신 또는 나와 가까운 대상(가족 또는 연인)이 겪게 되는 부당함, 좌절, 괄시, 모욕, 위협 등으로부터 유발되는 결과라 할 수 있다.

　분노는 감정적인 측면과 인지적인 측면 두 가지로 구성되어 있는데, 감정적인 측면은 선행적으로 인식된 분노에 대해 자동적으로 일어나는 몸의 본능적인 반응이며, 인지적인 측면은 인식된 감정으로 인한 분노에서 촉발되는 후속적인 판단과 평가이다.

불쾌하고 모욕적인 대우를 받았을 때 우리의 몸은 본능적으로 이 감정에 대하여 반발할 것인가 아니면 벗어날 것인가를 판단하는 '신체적인 투쟁 혹은 탈출'의 행동을 시도한다. 이러한 선택의 기로에서 우리 몸의 방어기제는 아드레날린을 분비하게 되며, 그 결과로 호흡과 맥박이 빨라지고 혈압이 상승하게 된다. 이와 같은 신체적 변화가 진행될 때 우리는 자신도 모르게 강력한 에너지에 휩싸이게 됨으로써 초초한 감정을 느끼고 손에 땀을 쥐는 상태가 된다. 이러한 강력한 불쾌감은 대부분 분노의 감정과 더불어 발생한다.

대체적으로 일반인들은 분노, 적대감, 공격성 이 세 단어를 비슷한 뜻으로 뭉뚱그려서 생각하지만 정신과 의사를 비롯한 심리 전문가들은 보다 세분화된 정의를 내리는 것이 불쾌한 감정 문제를 이해함에 있어 매우 중요한 점이라고 판단하고 있다.

- **분노**: 불쾌한 감정 또는 순간적으로 일어나는 짜증, 화(火)

- **적대감**: 특정 대상에게 해를 입히길 바라는 악의적인 태도로 반감, 격분의 형태를 의미하며 일시적이 아닌 만성적으로 유지되는 부정적인 감정. 앞장에서 '비탄의 뿌리'로 표현된 만성적 분노의 상태는 적대감으로 표현되어 결국 공격적인 행동으로 표출됨.

- **공격성**: 누군가를 향해 파괴적이고 보복적인 행동을 보이는 태

도. 적대감에서 더 나아가 상대방에게 해를 가하기 위해 전투적인 태도를 보이는 명백한 행동. 성경에서는 이러한 행위를 '복수' 또는 '앙갚음'이라고 정의함.

분노는 더 나아가 두 가지 범주 '내적 분노'와 '외적 분노'로 나눌 수 있다. '내적 분노자'는 일명 '분노 억제자'라고도 하며, 자기 내면을 향해 공격함으로써 자신을 가해하는 유형이다. 대부분의 많은 사람들이 이러한 내적인 분노자로 분류되며, 이들은 비교적 쉽게 억제자가 돼 버리고 만다. 이와는 반대로 '외적 분노자'는 자신의 분노로 인한 적대감과 공격성을 외부로 표출하는 일명 '발산주의자'로 분류할 수 있다. 이들의 비율은 분노의 병리적 징후를 가진 사람들의 약 10%를 차지하고 있으며, '공격주의자'라고도 불린다.

명백하지만 감춰진 분노

분노는 기본적으로 네 가지 유형으로 나누어 볼 수 있다. 첫째는 자신과 주변 모두가 분노를 알게 된 형태(Known), 둘째는 본인은 알지만 다른 주변 사람에게는 감춰진 형태(Hidden), 셋째는 타인은 분노를 인지하였지만 정작 자신은 인지하지 못한 형태(Blind), 넷째

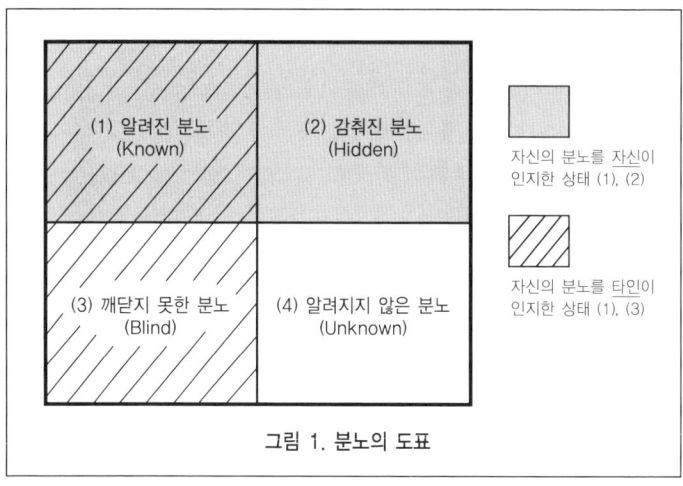

그림 1. 분노의 도표

는 자기 자신뿐만 아니라 주변 사람들에게도 분노가 알려지지 않은 형태(Unknown)이다. 이러한 형태는 위 도표를 통해서 쉽게 이해할 수 있다.

위의 도표에서 1번과 2번 사각형은 자신이 분노를 인지한 상태이고, 빗금이 있는 1번과 3번 사각형은 주위 사람들이 분노를 인지한 상태를 말한다.

(1) **알려진 분노(Known)**: 개인의 분노가 알려진 상태를 말하며, 이것은 '알려진 분노'라고 칭할 수 있다.

(2) **감춰진 분노(Hidden)**: 자신은 본인의 분노에 대하여 잘 알고 있

지만 다른 사람은 전혀 알지 못하는 상태를 말한다. 이 형태의 분노는 '감춰진' 분노라 할 수 있는데, 문제는 이런 감춰진 분노가 때때로 매우 바람직한 모습처럼 여겨지는 데 있다. 예를 들어, 운전 중 누군가가 자신의 차선으로 갑자기 무례하게 끼어든다면 순간적으로 격분에 휩싸일 수 있지만 이런 상황에서 자신의 분노를 밖으로 표현하지 않는다면 매우 넓은 마음의 소유자로 인정받기도 한다는 것이다. 당사자는 이런 일은 가볍게 무시하는 편이 더 나은 결정을 했다고 생각할 수도 있다.(이러한 태도에 대해서는 이후에 더 다루기로 하자.) 그러나 매번 이런 방식으로 자신의 분노를 다룬다면 결국 내적 분노자, 일명 '분노 억제자'가 되고 말 것이다.

(3) **깨닫지 못한 분노(Blind)**: 주변의 다른 사람들은 다 알고 있지만, 정작 분노를 소유한 당사자는 자신의 분노를 깨닫지 못한 상태이다. 이는 마치 자신의 분노를 보지 못하는 장님과 같다. 이런 유형은 결코 건강한 상태가 아니며, 매우 바람직하지 못한 상황이다. 이미 주변 사람들은 본인의 분노로 인해 함께 어울리기를 꺼려 하고 있을 것이다. 그러나 본인은 자신에게 그러한 문제가 있다는 사실을 전혀 알지 못한다.

(4) **알려지지 않은 분노(Unknown)**: 자신뿐만 아니라 주위의 그 누

구도 당사자가 분노에 휩싸인 채 살아가고 있다는 사실을 전혀 모르는 상태이다. 네 가지 유형 중 가장 심각한 상태인 이 유형은 모두가 분노를 알아채지 못할 뿐만 아니라 본인이 분노를 억제하며 살아가고 있다는 사실도 절대 인정하려 하지 않는다. 이러한 사람들은 즐겁거나 행복한 감정을 표현하는 것조차도 상당히 어려워하는 경향을 보이며, 매우 복합적인 정신병리적 증후군을 가지고 있다. 겉으로는 참을성이 많아 보이고 초연해 보이지만 실제로는 분노가 자신의 신체적, 정신적 문제를 심화시키고 있다는 사실을 그 누구도 파악하지 못한다.

물론 분노의 도표는 매우 단순하게 만든 것이다. 세상의 수많은 사람들을 네 가지 범주 안에 넣는다는 건 불가능한 일이며, 다양한 형태의 분노가 존재한다는 것은 명백한 사실이다. 따라서 이 도표를 기준으로 하여 더 많은 범주를 추가해 본다면 어렵지 않게 다양한 형태의 도표를 만들 수 있을 것이다.

우리는 이제 위에서 읽은 내용들을 통해서 세 가지 중요한 교훈을 배울 수 있다.

첫째, 분노는 본인이 알아채지 못하더라도 주위 사람들이 그 사실을 인지할 수 있다는 것이다. 즉 이것은 자기 내면의 분노를 포착하고 그 문제를 이해하기 위해서 마음을 열고 다른 사람들의 조언을 충실하게 듣는 일이 매우 중요하다는 것을 말해 준다.

둘째, 분노의 문제는 본인과 주위 사람들 모두가 그 원인에 대하여 제대로 파악하기 어렵다는 점이다. 그로 인하여 사람들은 심리적이거나 육체적인 질병의 징후를 찾아내기 위하여 막대한 시간과 돈을 허비한다. 겉으로 보기에는 아무런 연관이 없어 보이는 심리와 신체의 문제들이 실제로는 분노와 내면의 상처로 인한 것임을 알고 있지 못했기 때문에 문제를 해결하는 데 어려움을 겪는 것이다.

셋째, 우리는 '알려진 분노(Known)'와 '감춰진 분노(Hidden)'로 인한 상처를 치유할 수 있도록 계속해서 투쟁해야만 한다는 것이다. 우리가 분노의 감정들을 건강하게 치유할 수만 있다면, 이러한 치유의 작업들은 하나님께서 우리에게 원하시는 건강한 삶으로의 복구에 큰 힘이 될 것이다.

분노에 대처하는 성숙도

"쾅 소리가 나도록 문을 닫아봐, 기분전환에 도움이 될 거야!"

오래전부터 내가 들어왔던 분노를 해소하는 방법 중 하나이다. 나는 이 방법이 정말로 효과가 있는 건지 오랫동안 고심했다. 정말로 효과적인 방법일까? 좋은 방법이라고 인정할 만할까? 나는 혹시라도 항상 분노에 휩싸여 있거나 분노의 감정들을 제대로 해소하지 못하는 사람들에게는 순간적으로나마 도움이 될 수도 있지 않을까 하고 고민해 보기도 하였다. 그러나 연구를 하면 할수록 문이 부서지도록 닫는 사람들의 파괴적인 충동은 결국 집 안의 다른 가구까지도 부서지게 할 수 있다는 결론에 도달했다. 문을 세게 닫는 행동이 다른 심각한 파괴적인 행동을 자행하는 것보단 훨씬 어른스럽다고 인지한 것이 아니라면 그다지 실익이 있는 행동은 아니다. 그렇다 하더라도 문을 세게 닫는 행위는 오히려 건강한 성인에게는 어울리지 않는 부정적인 모습이라고 할 수 있다.

분노를 해결하는 것에는 다양한 단계가 존재한다. 우리는 분노를 극복하기 위해서 그에 따른 정확한 해결 단계를 파악해야 하는데, 스스로 분노를 해소할 만큼 성숙하지 못한 경우 이것을 파악하기란 쉽지 않다. 의사가 환자의 상태와 질병의 특이점에 따라 알맞은 진단과 처방을 내리듯이 분노의 증상에 따른 치료 방법 또한 상대의 성숙도에 따라 다양해질 수 있다. 분노 문제를 쉽게 해결하기 위해서 상대에게 '담요(일시적인 미봉책)'를 덮어주는 행위를 해서는 절대 안 된다. 분노의 문제에 시달리고 있는 사람들에게 그저 "쾅 소리가 나도록 문을 세게 닫아봐. 그러면 기분이 풀릴거야!"라고 말해서는 안 된다는 것이다. 특히나 이미 집 안에 있는 모든 문과 창문을 박살내고도 문제가 해결되지 않아 괴로워하는 사람들에게는 아무짝에도 쓸모없는 조언일 뿐이다.

'분노 대처의 성숙도'라는 그림은 분노에 대처하는 개인의 성숙

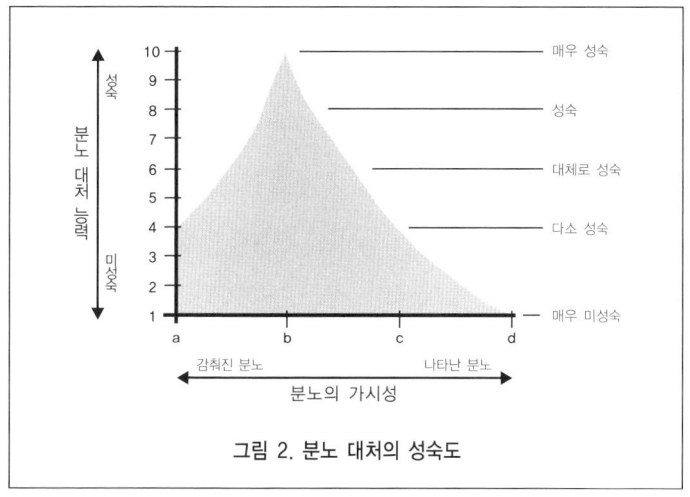

그림 2. 분노 대처의 성숙도

도를 단계별로 분류하여 보여 주고 있다. 왼쪽의 수직축은 개인이 얼마나 자신의 분노에 대하여 잘 대처하고 있는가에 대한 수치이다. 1단계부터 10단계는 '분노 대처능력'을 나타내며 숫자가 높을수록, 그래프선이 높을수록 성숙도가 높은 사람을 나타낸다.

수평축은 분노의 가시성을 나타내는 지표로 가시성의 그래프가 왼쪽에서 오른쪽으로 갈수록 분노가 사람들의 눈에 잘 드러나는 유형을 말한다. 위 지표상에서 알파벳 'a'가 나타내는 것은 분노가 매우 치밀하게 감춰진 사람이며, 'd'가 나타내는 것은 분노가 훨씬 더 명백하게 드러나는 사람을 의미한다.

그래프에 보이는 음영은 분노의 성숙도와 가시성이 잠재적으로 가능한 영역을 나타내고 있다. 예를 들어, 그래프 상의 10-d라는 좌표가 있다고 가정해 보자. 10단계는 분노에 대하여 매우 성숙한 대처능력을 나타내고, d는 매우 고질적인 분노가 폭발하고 있는 상태이다. 그러나 그래프의 음영 상태를 보면 매우 성숙하면서 매우 고질적인 분노를 폭발시키는 상태는 실제로 존재할 수가 없음을 알 수 있다. 마찬가지로 '항상 좋아 보이는' 전형적인 침묵의 모습인 a와 신중하면서 매우 성숙한 존재가 되는 것(10단계) 또한 불가능하다. 왜냐하면 우리 모두는 일상 속에서 누군가와 갈등을 겪게 되고, 갈등으로 인한 충돌을 피할 수 없는 현실에 살고 있기 때문이다. 그럼에도 겉으로 항상 차분하고 좋아 보이는 모습은 역설적이게도 그 내면에 고질적인 분노의 문제가 해결되지 않은 채 도사리고 있다는 반증이 될 수 있다. 이런 이유로 10-a는 그래프 상에 나타날 수 없는 것이다.

이에 대한 자세한 내용은 추후에 다시 다루게 되겠지만, 분명한 것은 그래프를 통해 나타난 분노의 성숙도가 정상적으로 적용된다면, 사람들은 누구나 자신이 감당해야 할 분노의 문제를 가지고 있다는 것이다. 그래프가 보여 주듯이 가장 이상적이고 성숙한 상태를 나타내는 지표는 10-b가 된다. 따라서 실제로 가장 성숙한 사람이라고 하더라도 때때로 분노에 노출된다는 것이다.

반대로 성숙도가 가장 떨어지는 1단계는 분노의 가시성이 a인 사람이든 d인 사람이든 간에 성숙 상태의 단계는 변함이 없다. 차이가 있다면 분노를 사람들에게 표출하는 양에 따라 그 미성숙함이 얼마나 남들에게 알려지는지의 차이가 있을 뿐이다. 1-d 유형의 사람은 전형적인 '미성숙한 사람'으로서 적대감이 매우 강하며 심지어 공격성을 보이기까지 한다. 반대로 1-a 유형의 사람은 스트레스가 생겨도 감정을 잘 드러내지 않고 침묵함으로써 겉으로 보기에는 자신의 분노를 잘 대처하는 성숙한 존재로 여겨지지만, 실제로는 1-d와 마찬가지로 내면에 적대감을 감추고 있는 미성숙한 존재일 뿐이다.

성숙도를 단계별로 좀 더 자세히 살펴보자. 성숙도 10단계는 분노와 갈등의 문제가 무엇인지를 충분하게 잘 파악하고 있는 사람을 말한다. 이 단계의 사람들은 자신의 분노와 상처를 포함한 내면의 부정적인 감정을 잘 알고 있다. 그러므로 내면에 해결되지 않은 분노가 결코 자리 잡게 두지 않는다. 분노를 부정적으로 내면화하거나 표출하지 않으며, 어떻게 하는 것이 건강한 방법인가를 지혜롭게 선택함으로써 자신의 감정을 완전하게 조절할 수 있는 것이다. 자신의 분노를 조절함에 있어 가장 좋은 방법을 찾아내고 선택하는 방법은 이 책의 후반부에서 곧 다룰 것이다. 그전에 미리 강조하고 싶은 점은 이 단계를 지향하면서 우리가 따라야 할 가장 완벽한 모델은 오직 '예수님' 뿐이라는 것이다.

그래프에서 성숙도 8단계는 비교적 높은 성숙도를 가진 사람을 말한다. 이 단계의 사람들은 분노의 원인을 비교적 잘 알고 있으며 평균적으로 분노 문제를 잘 대처하는 사람이라고 할 수 있다. 어쩌면 이 단계의 사람들이 우리가 현실에서 실제로 만날 수 있는 사람들 중에서 분노를 가장 잘 다스리는 사람일 것이다. 대부분의 사람들이 분노를 느끼는 문제가 이들에게는 심각한 영향을 미치지 못할 뿐만 아니라, 참을 수 없는 큰 문제가 발생한다 하더라도 이들은 대체적으로 문제를 정면으로 부딪혀 그 문제를 해결하고자 시도한다. 다시 말하자면 이들은 회피함으로써 문제를 해소하려 하지 않는다는 것이다.

평균적인 성숙도 6단계로 내려가면, 일상생활에서 우리가 흔히 느끼는 정도의 비교적 분노와 상처를 잘 대처하는 사람들이라 할 수 있다. 그중에서 이들은 자신의 감정을 잘 숨기는 6-a와 자신의 감정을 쉽게 드러내는 6-c로 나누어 볼 수 있다.

좀 더 아래로 내려가 4단계를 보면 이들은 때때로 자신의 가벼운 분노를 비교적 잘 대처하기도 하지만, 강도가 강해질수록 점차 감정을 파악하는 것에 상당한 어려움을 겪는 사람들을 발견하게 된다. 이들에게는 육체적, 심리적인 문제가 점차 드러나게 되고, 해소되지 않은 오래된 분노로 주위 사람들과 충돌하고 갈등을 겪게 된다. 이 단계에서는 성숙도는 비슷하지만 분노를 표출하는 방법에 있어서 다른 사람들과 차이가 확연히 더 많이 날 수 있다. '다소 미성숙함' (4단계)과 '매우 미성숙함' (1단계) 사이의 영역에서 분노의 가시성 (a부터 d까지)이 가장 다양한 모습으로 존재하는 구간이다.

마지막으로 1단계 '매우 미성숙함'의 영역에는 충돌과 갈등의 요인으로 심각한 분노의 문제를 겪으면서도 거의 대처하지 못하는 사람들이 속한다. 이들은 수많은 감정적, 육체적 문제에 걷잡을 수 없이 노출되어 있으며, 자살 충동을 느끼고, 절망으로부터 위협을 받고 있는 상태이다. 그 누구에게도 인정받거나 이해받지 못함으로써 거대한 양의 분노가 격렬하게 뿜어져 나오고 있는 것이다. 이 단계에서는 매우 극단적인 결과를 맞을 수도 있는 잠재적인 가능성들에 대한 징후들 또한 나타나게 된다. 1-a의 사람들은 분노가 다른 사람으로부터 완전히 감춰진 상태이며, 그 자신조차도 잘 인지하지 못하고 있는 경우가 많다. 제1장에서 언급된 잰의 사례가 이러한 범주에 해당되는 '분노의 문제에 무감각한' 경우이다. 이 사람들은 다른 사람들과의 갈등과 분노를 해결하는 것이 불가능할 뿐만 아니라 자기 자신의 문제를 해결하는 것 또한 불가능하다.

또 다른 막다른 영역 1-d는 자신의 존재와 영역 안에 들어오는 어떤 대상에 대해서도 극단적인 분노와 적대감을 나타낸다. 또한 자신에게 내재된 분노와 상처를 크기와 상관없이 타인을 향해 일방적이고 맹목적으로 표출하는 존재이기도 하다. 이러한 태도는 결국 타인에게 감당할 수 없는 스트레스를 주고, 궁극적으로는 자신과 타인 모두를 불행하게 만든다.

최근 우리는 집이나 학교, 회사나 교회, 심지어 예측 불가능한 곳에서 일어나는 무차별적이고 우발적인 살인과 자살 그리고 집단 살인 또는 최근 대두되고 있는 보복 운전을 자주 목격하고 있다. 이것은 위의 그래프에서 1단계에 속한 사람들에게 가능한 결과들이다.

이들은 겉으로는 매우 온순하고 좋은 사람처럼 위장하지만 자신의 분노가 더 이상 억압될 수 없는 단계에 이르게 되면 마치 휴화산이 폭발하듯 극단적인 결과를 초래하게 된다. 반대로 모든 사람들에게 적대적으로 분노를 표출하는 유형도 무심히 길을 걸어가고 있는 사람들에게 무차별적으로 총기를 난사하는 방식으로 자기 분노를 표출하게 될지도 모른다.

그림 2 그래프는 자신이 얼마나 성숙하게 분노를 잘 대처하고 있는가를 확인하고 환기할 수 있는 기회를 주고자 하는 마음으로 만든 것이다.

나는 여러분들 각자가 이 그래프의 어디쯤에 해당하는지 고민해 보고 반성해 보는 기회를 가졌으면 한다. 여러분이 친구로부터 무시당했거나, 일터에서 상처를 받았거나, 집에서 가족들과의 대화로 힘들었던 순간을 떠올려 보라! 그리고 그 당시 자신의 반응이 어느 정도의 성숙도를 유지하고 있었는지도 분석해 보길 바란다. 자신의 분노를 어떻게 위장하려고 했는지, 갈등을 회피하려고 했는지, 하찮은 일로 얼마나 많은 불평과 잔소리를 늘어놓았는지, 당신을 알고 있는 사람들에게 얼마나 많은 분노를 드러냈는지, 다른 사람들 때문에 얼마나 좌절감을 느꼈었는지 깊이 숙고해 보길 바란다.

06

OVERCOMING
HURTS & ANGER

분노를
다스리기 위한 준비

    나는 최근에 만성적인 분노로 인해 고생하다가 2년 전부터는 심각한 육체적 질병까지 앓고 있는 31세의 남자를 상담한 적이 있다. 그는 불과 몇 주 전에 몸의 질병이 자신의 내적 상처와 분노 같은 감정적인 문제와 결코 무관하지 않다는 것을 알게 되어 나를 찾았다.

    "쉽고 간단한 해결 방법은 없나요? 번거로운 것은 딱 질색인데!"

    그는 귀찮다는 듯이 물었다. 나는 20여 분의 상담을 통해 그가 문제해결의 방법으로 자살까지도 생각했었다는 것을 알게 되었다. 그는 교통사고로 위장된 자살 계획을 세웠지만, 혹 다른 사람에게 피해를 끼칠지도 모른다는 생각에 그 뜻을 접었다고 담담하게 말했다. 나는 그를 도울 수 있는 제안이나 치료를 받을 수 있는 기관을 소개하고 싶었다. 하지만 처음 그를 상담받게 하기 위해 내건 조건 때문에 나는 그와 논의조차 할 수 없어 다음 계획을 세울 수가 없었다. 그 조건은 자신의 문제를 일체 누설하지 않을 것과 자신을 성가시게 하지 않을 것이었다. 그 당시 그가 가장 쉽고 간단한 해결 방법으로 자살을 생각하는 것 같아서 상담실을 떠나는 그의 모습을 지켜보는 내 마음은 납을 삼킨 것처럼 너무 무거웠던 기억이 있다.

갈등은 자연스러운 일이다

우리는 대부분의 사람들이 갈등을 회피하려다가 오히려 그 문제가 더 심각해지는 것을 주변에서 자주 보게 된다. 이러한 결과는 단순히 그 문제로부터 빨리 벗어나고자 하는 행동 때문에 일어난다. 그로 인해 오히려 문제가 심각해질 수 있다는 것을 알든 모르든 간에 대부분의 사람들은 회피하는 모습을 보인다. 나에게 상담을 원하는 많은 사람들 역시 격한 감정 충돌을 본능적으로 싫어하는 경향을 보이며 그러한 문제와는 거리를 두고 있었다. 그들은 "갈등의 상황을 좋아하지 않아요! 논쟁하고 싶지 않아요! 서로 싸우거나 갈등하는 사람들 곁에 있고 싶지 않아요!"라고 자신의 불편한 감정을 토로한다. 하지만 우리가 인정해야 할 것은 감정적인 충돌을 원하지 않는다 하더라도 이것은 항상 우리 속에 잠재되어 있는 것이라는 점이다.

감정적인 충돌을 겪지 않을 유일한 방법이 있다면 그것은 아마도 고립된 무인도에 혼자 사는 방법밖에는 없을 것이다. 편지, 전자메일, 전화도 되지 않으니 사람들 간에 감정의 문제로 신경 쓸 일은 없다. 그리고 사람과의 갈등을 피하고 싶으니 누군가가 그 섬에 오는 것도 원치 않을 것이다. 하지만 설령 그렇다 하더라도 본인에게 감정적인 갈등이 생기지 않을 것이라고 단정 지을 수 없다. 왜냐하면 거친 폭풍이나 수많은 벌레들 그리고 섬 주변의 상어 떼에 의해서도 갈등과 스트레스가 충분히 생겨날 수 있기 때문이다.

인간은 절대로 고립된 섬에 혼자 살 수 없는 존재라는 것을 우리는 너무나 잘 알고 있다. 오히려 인간이란 예외 없이 마치 그물처럼 얽히고 설킨 복잡한 관계 안에서 상호 소통하며 살아가야 하는 존재이다. 그러므로 분노는 정상적이고 필연적인 감정임을 인정하는 것이 분노의 문제를 해결하는 데에 매우 중요한 첫걸음이 된다. 우리가 평소 생활하며 생기는 짜증이나 화는 지극히 정상적인 일상의 일부분이며, 그렇기 때문에 그것을 감정적으로 받아들이지 않으려고 하는 것이 문제를 일으키는 출발점이 된다. 우리는 분노를 자신이 가지고 있는 결핍의 신호나 비정상적인 상태로 보는 경향이 있다. 또한 다른 사람에게 분노를 느끼게 되면 동시에 막연한 죄책감에 시달리기도 한다. 이러한 이유로 분노를 의식적으로 회피하여 누군가를 미워하지 않으려 노력하게 되고 단순히 그 분노가 빨리 사라져서 본래의 평안한 마음을 되찾기를 바라게 된다.

갈등은 집에서 시작된다

우리에게 제일 가까운 관계일수록 가장 많이 부딪치는 것은 어쩌면 당연한 일일지도 모른다. 그렇다면 당신이 가장 많이 접촉하고, 가장 많이 기대하는 가족과의 갈등을 살펴보자. 기대가 클수록 화를 많이 낼 수밖에 없는 것은 자연스러운 일이며, 또한 많이 사랑할수록 그만큼 갈등이 생기는 것은 정상적인 일이다.

그리스도를 본받은 이상적인 사랑이라 하더라도 코 고는 것까지 반드시 좋아해야 하는 것은 아니다. 갓 결혼한 신혼부부는 나중에 갈등으로 발전할지도 모르는 이런 사소한 문제에 대하여 처음에는 그다지 신경 쓰지 않는다. 그러나 그것이 사랑이란 감정을 상하게 하는 단계로 발전한다면 더 큰 문제로 바뀌게 된다. 따라서 우리는 이런 사소한 문제들이 서로에게 바라는 정서적인 단계일 때 꼭 관심을 가져야 한다. 매일을 함께 보내는 현실적인 기준에서 이것이 어렵다 하더라도 반드시 노력하는 것이 바람직하다. 여기에서 중요한 점은 우리가 가끔 배우자에게 표현하는 작은 불만의 감정이 그 사람을 사랑하지 않는다는 뜻이 아니라는 것이다.

어떤 작가가 현대인의 결혼생활의 취약점을 진단하며 이런 말을 했다.

"큰 꿈과 기대를 가지고 시작한 수많은 결혼생활이 위태롭게 흔들리다가 결국 실패로 끝나는 핵심적인 이유는 서로에 대한 작은 분노 대처능력 때문이다."

한 쌍의 부부가 분노에 대하여 효과적으로 대처하지 못하여 실패하게 되는 경우는 서로 간에 불화가 '너무 심했을 때' 그리고 역설적이게도 불화가 '거의 없을 때' 두 가지 경우였다.

한 연구에 따르면 약 29%의 사람들이 자신의 아내나 연인에게 가장 많은 화를 내고 있으며, 24%는 자신이 좋아하고 잘 알고 있는 주변 사람들에게, 25%는 형제나 친척들에게, 그리고 약 8%만이 전혀 모르는 사람들에게 화를 낸다고 보고하고 있다.

정면 대응, 이것은 필수다

우리는 갈등을 겉으로 끌어내고 건설적으로 다루는 것을 '정면 대응'이라고 부른다. 많은 사람들은 무슨 수를 써서라도 갈등과의

'정면 대응'을 피하려고 하지만 그 대가는 결코 만만치 않다.

이제 막 14살이 된 한 소년이 어머니와 함께 상담실을 찾아온 적이 있었다. 이 소년은 특이하게도 자신이 원하는 것을 부모가 모두 들어주길 바랐는데 편식하는 습관을 이용해 부모에게 원하는 것을 요구하고 있었다. 그의 부모는 한 번쯤 따끔하게 혼내고 화를 내며 훈육해야 했지만 모든 것을 그저 용납하고만 있었다. 내 상담실에서조차도 자신이 원할 때만 치료를 받겠다는 철없는 요구를 하고 있었다. 이 소년은 자신이 아직은 어린 학생으로서 정면으로 감당해야 할 위치보다 더 좋은 위치에 있길 바랐다. 나는 이 소년에게 감정적인 조절 문제로 생기는 병리를 검사하기 위해 채혈을 요구했다. 통증도 거의 없고 대략 30초면 끝나는 검사였지만 너무 심하게 거부하는 바람에 그의 아버지가 일을 하다 말고 상담실로 쫓아오는 어처구니없는 일이 벌어지기도 했다.

결국 채혈을 거부한 이 소년은 지금까지도 그다지 변화되지 못한 상태로 남아있다. 그의 부모가 정면 대응하지 못한 부정적인 영향은 당연하게도 이 아이가 학교생활에서 부적응아가 되고 마는 대가를 치르게 했다. 이제부터라도 적극적으로 해결하려는 기회를 갖지 않는다면 분명 성인이 된 이후에도 사회에 적응하지 못할 것이다. 이 부모는 자신의 자녀가 가진 문제와 정면 대응하는 것을 두려워했기 때문에 자기 아들을 파괴하는 요구를 계속해서 들어줄 수밖에 없는 지경이 되었다. 이들의 주된 문제를 한마디로 정리하자면, '정면 대응의 두려움'에 있다. 우리는 타인과의 정면 대응을 결코 적대감의 표현으로 생각해서는 안 된다. 오히려 그 과정이 많이 힘들더라도 관계에서 발생한 문제를 극복하려는 상대의 관심으로 받아들여야 한다. 누군가가 자신의 감정을 솔직하게 표현하는 것은 그 사람과 자신에게 서로의 가치를 높이고 존중받고자 함을 의미한다. 자신의 마음속에 있는 깊은 감정을 표현하는 일은 서로에 대한 신뢰를 높이고 일체감을 만들어 주는 강력한 경험이 될 것이다. 신뢰와 사랑의 일체감을 경험한 사람은 서로를 훨씬 더 가치 있고 뛰어난 존재로 인식하게 되며, 그 신뢰감은 점진적으로 증가하게 된다.

왜 정면 대응하지 못하는가?

한번은 성공한 중년 여성 기업가가 나를 찾아왔다. 그녀는 점점 심해져 가는 남편과의 양육권 갈등 문제로 자살이라는 극단적인 방법까지 심각하게 고민하고 있었다. 아직 10대인 자신의 아들을 두고 벌이는 갈등이 그녀에게는 다리에서 뛰어내리고 싶을 만큼 두려웠던 것이다. 바로 이전 사례의 편식하는 아이의 부모처럼 그녀도 정면 대응에 대한 두려움이 있었다.

많은 사람들은 타인과 직접적인 방식으로 감정을 섞는 것이 심리적으로 매우 불편하고 쉽지 않은 과감한 결단이 필요한 행동이라고 말한다. 갈등이 생긴 당사자들이 서로 마주 보고 논쟁하는 것은 정말로 참기 힘든 일이라 생각하기 때문에 차라리 피하는 방법을 선택하게 된다. 그렇다면 사람들은 왜 정면 대응하는 방식에 어려움을 느끼는 걸까? 마치 전염병으로부터 도망가듯 서로 만나서 해결하는 것을 왜 피하려는 걸까? 내가 권하고자 하는 것은 서로가 논쟁에 휘말리는 상황에 빠지라는 것이 아니라 자신의 감정을 솔직하게 공유하고 공감하기를 바라는 것이다. 여기 사람들이 ***직접적으로 감정을 표현하는 것에 어려움을 느끼는 이유***를 네 가지 유형으로 정리해 보았다.

- **보복**: 다시 마주하게 된다면 과거를 들추어내고 보복할 거라는 두려움

- **거절**: 내 감정을 이해하지 못하고 나와 관계를 지속하지 않을 거라는 두려움

- **상처**: 솔직한 감정 표현으로 인해 서로 상처를 주게 될 거라는 두려움

- **회의적인 자세**: '정면 대응'이 문제해결에 도움이 되지 않을 거

라는 판단(이런 경향의 사람들은 대체로 어린 시절 자신이 무언가를 요구했을 때 돌아온 것은 구박밖에 없었다는 부정적인 의식의 지배 아래 있다. 그 결과, 이들은 다른 사람과 감정을 나누는 것을 쉽게 포기하게 된다.)

위에서 말한 주요 네 가지 유형과 더불어 정면 대응을 피하게 되는 몇 가지 이유를 더해 본다면,

- 분노를 건설적으로 다루는 것보다 파괴적인 방법으로 처리하는 데에 편함을 느낀다. '분노 억제자'에게 분노를 참는 일이 가장 쉬운 것처럼 편한 방법을 선택하게 된다. 이들이 분노를 긍정적으로 다루는 방법을 배우기 위해서는 많은 시간과 노력이 필요하다.

- 많은 사람들이 화를 잘 내지 않는 사람에게 "좋은 사람이야"라고 칭찬하기 때문에 더더욱 문제를 회피하게 된다.

- 많은 사람들이 타인과의 대립은 좋지 않은 것이라고 배운다. 특히, 종교적인 사람들은 언제나 모든 일에 대립과 갈등 없이 처리해야 한다는 선입견을 가지고 있다.

- 어떤 사람들은 정면 대응을 공격적이고 적대적인 대처 방식으로 여긴다. 그 때문에 공격적인 모습을 피하고자 정면 대결을 회피한다.

- 많은 사람들이 정면 대응을 어떻게 시도해야 하는지 그 방법에 무지하다. 왜냐하면 분노에 대한 지혜로운 대처 방법에 대하여 한번도 배운 적이 없고, 배울 수 있는 이상적인 모델이 존재하지 않았기 때문이다.

- 이미 심각한 분노 상태에 이른 사람들은 분노의 문제를 원활하게 해결하는 방법을 배워 실천해야 하지만, 이들은 분노의 문제해결을 위한 정면 대응이 오히려 자신의 분노를 더 폭발시키는 계기가 되지 않을까 두려워하게 된다.

- 어떤 사람들은 정면 대응하는 방법에 확신이 부족하여 쉽게 단념하고 익숙한 과거의 방식으로 회귀하려 한다.

정직하게 자기 내면을 드러내는 것이 서로에게 상처를 주거나 관계를 훼손시킬 거라고 생각하는 사람들이 매우 많다. 하지만 사실 이와는 정반대이다. 건강하고 건설적인 방식으로 자신의 내면을 상대에게 보이지 않으면 서로에게 오히려 더 심한 상처와 심리적인 타격을 주게 되고 관계 회복은 영영 불가능하게 되어 버린다.

임상적 실험으로도 확인된 바 있는 명백한 사실은 자신의 부정적인 감정을 위장하고 억압하기보다 건강한 방식으로 표현하는 것이 훨씬 더 나은 결과를 얻게 된다는 것이다. 분노의 감정을 오랫동안 억누르게 되면 그에 따라 자신의 모든 긍정적인 감정, 특히 사람의 감정조차도 강하게 억압되고 만다. 당신이 누군가에게 사랑의 감정을 건강하게 표현하지 못한다면, 그것은 아마도 오랜 시간 동안 해결되지 않은 내면에 '쌓인 분노' 때문이라고 진단할 수 있다.

우리가 아무런 심리적인 부담 없이 자신의 솔직한 사랑을 누군가에게 표현할 수 있다면 그 참된 사랑의 감정은 실패하거나 사라지지 않을 뿐만 아니라 오히려 삶의 매우 강력한 동력이 될 수 있다. 건강한 분노의 표현은 절대로 귀중한 관계를 훼손하거나 해가 되지 않는다. 건설적인 정면 대응으로 그 관계에 손상이 일어난다면 그 관계는 처음부터 건강한 관계가 아니었을 가능성이 높다.

관계의 유형을 파악하라

일터에서 동료들과 관계를 맺거나, 집에서 배우자와 관계를 맺는 것과 상관없이 인간관계에 있어서 빠르게 발전하는 유형이 있다. 이상적인 관계란 두 사람이 갈등을 서로 솔직하게 털어놓는 관계라고 할 수 있는데, 이러한 관계가 다른 관계에 비해 **빠르게 발전할 가능성**이 높다고 할 수 있다. 이들은 서로 두려움 없이 상대방에게 자신의 감정을 솔직하게 표현하고, 나타난 갈등을 알맞게 다루어 해결하며 이것을 만성적으로 억압시키지 않는다. 이것이 갈등을 가장 적게 만들고 관계를 오래 지속시킬 수 있는 유형이라고 할 수 있다.(그림 3. 건강한 관계)

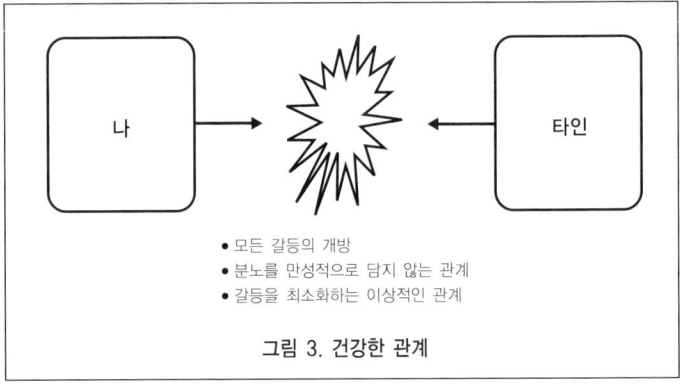

그림 3. 건강한 관계

또 다른 유형은 어떻게 보면 마치 싸우는 것처럼 보이지만 아주 강하고 단호한 모습으로 소통하는 관계가 있다. 이 유형의 사람들에게 상대방이 상처받거나 화내지 않을까 걱정되지 않느냐고 질문한다면 이들은 "아니오"라고 대답한다. 비록 이 모습이 보기에는 불편하게 느껴지고 이상적으로 보이지 않는다 하더라도 이들은 서로에게 자신의 문제를 숨기지 않고 개방하고 있다는 점에서 꽤 건강한 관

계라고 할 수 있다.(그림 4. 언쟁할 수 있는 관계)

이 관계에서 주의해야 할 사항은 한쪽이 지속해서 강한 공격성을 유지하게 된다면 상대방에 따라 특히 정서적으로 예민한 사람이라면 상처를 입을 수 있기에 대화에 매우 신중을 기해야 한다는 점이다.

가장 보기 불편한 관계는 한쪽이 자신의 분노와 감정을 표현하는 데 매우 강하고 공격적인 데 반해 상대방은 자신의 감정을 잘 드러내지 않고 그것이 불필요하다고 느끼는 유형이다.

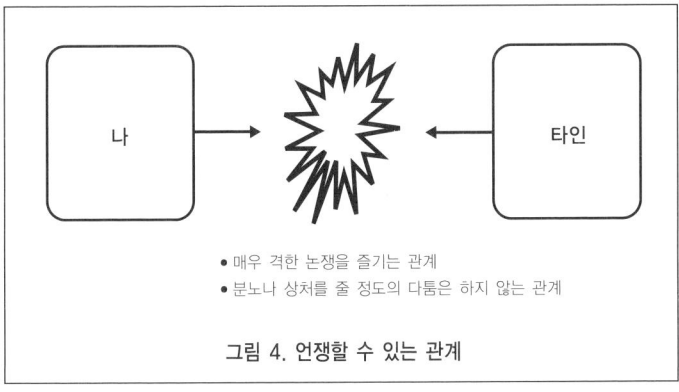

그림 4. 언쟁할 수 있는 관계

가장 일반적이기도 한 이 유형은 한 사람이 자신의 의견을 매우 강력하게 표현하고, 다른 한 사람은 거의 감정 표현을 하지 않으며 아주 정당한 이유가 있을 때만 불같이 표현한다. 이런 관계는 마치 한쪽이 상대방의 등에 강제로 말타기를 시도하는 것과 같다. 이때 수동적으로 등을 내어 준 쪽은 일시적으로 감정을 억누를 수는 있겠지만 정당한 기회라고 판단되었을 때는 폭포수처럼 감정이 터져 나

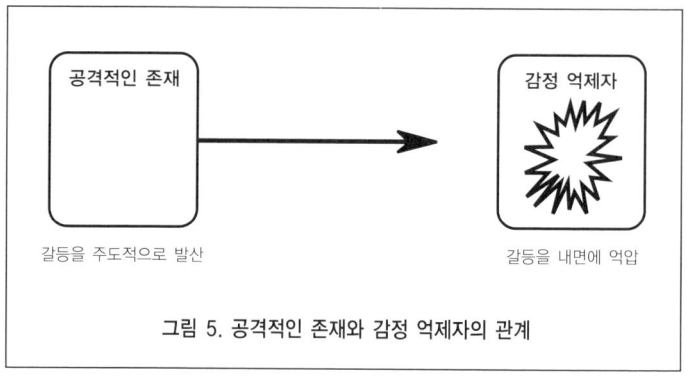

그림 5. 공격적인 존재와 감정 억제자의 관계

오게 되어 서로에게 악영향을 끼칠 수밖에 없다. 그러므로 소통은 더욱 단절되고 두 사람 사이에는 피상적인 대화만 존재하게 된다. 또한 공격적인 사람은 자신이 다른 사람에게 말로 심하게 상처를 줄 수 있다는 사실을 전혀 인지하지 못한다. 수동적인 사람은 상처받는 것에 대한 두려움으로 자신의 감정을 잘 드러내려 하지 않고 결국 두 사람은 서로에 대한 신뢰마저도 상실하게 된다. 한쪽이 부정적인 감정을 억제하는 이러한 유형은 수동적인 사람이 나중에 심각한 신체적, 심리적 질병을 갖게 될 확률이 아주 높다. 결과적으로 억제자는 관계로부터 자신을 철회시켜 버리고 매우 파괴적인 길로 자신을 몰아가고 말 것이다.(그림 5. 공격적인 존재와 감정 억제자의 관계)

마지막으로 그림 6이 나타내는 유형은 양쪽 모두 갈등과 충돌을 극도로 싫어하는 유폐적인 관계를 말한다. 이들은 분노를 표현하거나 서로 대립하는 것을 극도로 싫어하며, 그 과정에서 발생하는 대가를 지극히 싫어하는 사람들이다. 이 범주 안에 속한 사람들은 누

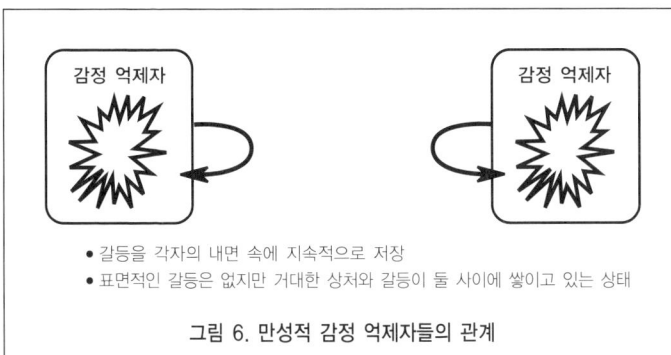

- 갈등을 각자의 내면 속에 지속적으로 저장
- 표면적인 갈등은 없지만 거대한 상처와 갈등이 둘 사이에 쌓이고 있는 상태

그림 6. 만성적 감정 억제자들의 관계

구와도 자신의 감정을 나누길 원하지 않을 뿐만 아니라 더 나아가 자신의 의사와는 상관없이 머지않아 서로에 대해 엄청난 갈등을 만들어 내게 된다. 억제자인 이들은 이미 이 책의 서두에서 언급했던 것처럼 결국 그들이 원하는 것과는 정반대의 부정적인 방향으로 치닫게 된다.

지금까지 보여 준 네 가지 유형을 반추해 보면 우리가 갈등을 해결하는 가장 이상적인 유형은 그림 3이라는 것을 알 수 있다. 이 관계만이 두 사람이 갈등을 건강하고 건설적으로 풀어낼 수 있는 상호적인 관계라고 볼 수 있다. 즉, 분노를 공격적으로 풀어내거나 또는 내면에 쌓아놓는 것은 절대로 분노의 문제를 해결할 수 없다는 뜻이다. 이상적인 유형의 방법은 모든 질병과 감정적인 스트레스를 최소화할 뿐만 아니라 오히려 갈등을 줄여준다는 것을 명심해야 한다.

해결되지 않은 갈등의 대가

우리가 선택해야 할 것은 "갈등을 정면으로 마주할 것인가? 아니면 피해갈 것인가?"가 아니다. 우리가 갈등으로 판단해야 하는 것은 "언제, 어디서, 얼마만큼의 갈등이 내게 필요한가?"이다. 당신은 당장 앞에 있는 갈등을 피하고 나중에 더 값비싼 대가를 치르고 싶은가? 백화점에서 물건을 구매할 때를 생각해 보자. 당신이 원하는 물건을 구매하기 위해서는 합당한 돈을 지불해야 하지만, 외상으로 구매하거나 지불을 지연하면 이후에 비싼 이자와 함께 물건 값을 지불해야 한다. 분노 역시 갈등으로 즉각적인 해소를 하지 않으면 비싼 이자보다 상상을 초월하는 심대한 대가를 지불하게 될 것이다.

마치 폐렴 환자가 불과 몇 초만 참으면 되는 주사(페니실린)을 맞기 싫어서 그 고통을 참고 도망다니는 것과 같이 분노의 고통을 감내하면서 지내는 심리적인 폐렴 환자가 너무나 많이 존재한다.

갈등이 만들어 내는 파괴적인 상황을 반복적으로 받아들이면서 쌓여 가는 상처와 분노 때문에 망가져 가는 관계에 대해서는 생각해 본 적 있는가? 나는 이러한 사례를 오랫동안 수없이 봐 왔지만 스스로가 먼저 패턴을 바꾸려고 시도하는 사람은 한번도 본 적이 없다. 만약 당신이 이러한 상황에 놓여있다면 '이 문제를 어떻게 개선할 것인가'보다 '어떻게 하면 상태가 더 나빠지지 않을까'를 걱정하는 편이 나을 것이다.

정신과 의사로서 그동안의 경험을 토대로 개선 가능한 빠르고 획기적인 방법을 알려 주고 싶지만 솔직히 말하면 그런 방법은 애초에 존재하지 않는다. 그러나 내가 위에서 말한 그림의 원리를 이해하고 적용한다면 그 결과는 당신이 기대한 것보다 훨씬 크게 나타날 것이다. 당신이 분노를 밖으로 표출하는 기질이라면 분노에 대하여 자신의 감정을 능동적으로 조절하는 방법을 배워야 하며, 분노 표출을 통해 누렸던 상대를 향한 힘의 과시와 억압을 그만두어야 한다. 자신에게 상처를 주었던 사람에게 감정적인 보복을 시도하면서 느꼈던 짜릿한 쾌감을 포기해야 하는 것이다.

반대로 당신이 억압자에 속한다면 자신의 분노를 지연시키고 억제하려는 미봉적인 태도와 과감히 맞서서 투쟁해야만 한다. 분노를 개방하는 것에 대한 어색함과 부담감을 떨쳐버리고 상대방과 함께 분노를 어떻게 건강하게 다루어야 하는가를 반드시 배워야 할 것이다.

분노도 긍정적인 힘이 될 수 있다

우리는 지금껏 분노가 관계를 불편한 상태로 만들기 때문에 부정적인 것이라고 간주해 버리곤 했다. 그러나 사실 분노는 변화를 위한 매우 긍정적인 힘을 가지고 있다.

내가 치료한 환자 중에는 아들 때문에 정신적으로 많은 스트레스를 받던 중년 여성이 있었다. 그 이유는 자식이라고는 하나밖에 없는 아들이 성인이 되어 독립을 해야 했지만 오랫동안 집에서 나가려 하지 않았기 때문이었다. 아들은 인생을 위해 무엇인가를 노력하는 모습도 보이지 않았다. 그녀는 아들을 계속 집에 살게 하는 것이 오히려 자식에게 독이 되고 있다고 생각했지만, 그 문제를 놓고 정면 대결할 자신이 없었다. 한번은 아들이 그녀를 정신병원에 입원시키려 한 적이 있었다. 자신의 어머니를 병원에 데려 온 그는 어머니를 집에서 몰아내는 것에 무척이나 즐거워 보였다고 했다. 그 일을 계기로 그녀는 크게 격분하며 화를 냈고 집에 돌아가자마자 아들을 집에서 쫓아내다시피 내보내 버렸다. 그녀의 이러한 태도는 자신의 감정에 대처하는 성숙한 모습이라고 할 수는 없지만 그동안 회피해 왔던 아들과의 문제에서 자신의 감정을 용기 있게 표출한 것은 긍정적인 감정 표현의 원리에 합당하다고 평가할 수 있다.

이렇듯 분노가 때로는 부정적으로 고착된 인간관계에 변화를 주는 잠재적이고 강력한 동력이 된다는 것은 부인할 수 없는 사실이다. 분노의 올바른 표현은 분노를 가진 사람이나 분노의 대상에게도 긍정적인 효과와 변화를 이끌어 낼 수 있고 타인에게 자신의 감정을 이해시킬 수 있는 좋은 방법이 될 수도 있다. 중국 철학에서도 "너를 묶고 있는 그물을 찢어라"라는 분노에 대한 대안적인 표현이 있다.

건강한 분노의 표현은 개인 간의 문제뿐만 아니라 사회적으로도 변혁적인 운동을 일으키는 동기가 되기도 한다. 캔디 레이트너는 그의 아들이 만취한 음주운전자 때문에 사망에 이르자 깊은 비탄에 빠져버리고 말았다. 그때 비탄의 처음 감정은 점차 분노로 바뀌었고, 그 분노는 '음주운전 반대 어머니회'를 설립하는 원동력이 되었다. 이곳에서 시작된 음주운전 반대 운동은 결과적으로 미국에서 음주운전 관련 사망사고를 획기적으로 줄이는 결과를 가져왔다. 로널드 레이건 대통령의 공보비서관이었던 제임스 브래디가 암살자의 총격으로 전신마비 상해를 입자 그의 아내는 권총 판매 제한에 관한 법률의 입법을 위해 국회를 상대로 적극적인 노력을 시도하였고 전방위적인 로비를 벌이기도 했다.

우리는 앞장에서 예수님의 분노가 가지는 의미와 가치, 구약 성경의 아론과 엘리 대제사장의 우유부단한 모습과 그리고 힘 있는 분노의 표출을 통해 만약 강력하게 권징했더라면 일어나지 않았을 고린도 교회의 악습과 타락상에 대하여 논의한 바 있다.

분노는 마치 눈보라가 휘몰아치는 광야에 멀리 떨어진 오두막의 벽난로 불과 같다. 그 불을 제대로 관리하지 않는다면 오두막을 몽땅 태워버리고 눈보라가 휘몰아치는 광야에서 모두 얼어 죽게 될 수도 있다. 반대로 설령 그 오두막 안으로 들어간다 하더라도 난로의 불씨가 깡그리 꺼져버린다면 따뜻함을 느끼지 못할 것이다. 즉, 분노에 관한 핵심적인 진리는 '분노'라는 '불'을 어떻게 적절히 조절하고 관리할 수 있는가라는 것이다.

분노는 파괴적이면서 동시에 매우 강력한 긍정의 동력이 될 수 있는 양면성을 가졌지만, 사람들은 흔히들 분노를 잘못 사용하여 부정적인 평가를 내리도록 행동해 왔다. 그러나 분노를 적절하게 효과적으로 사용할 수 있다면 분명 우리에게 건강한 역할을 할 수 있도록 동기와 동력을 제공할 것이다. 우리가 마지막으로 절대 잊지 말아야 할 것은 분노는 하나님께서 인간과 소통하기 위하여 사용하시는 매우 중요한 도구라는 것이다. 하나님은 그분의 뜻을 이루시기 위하여 우리에게 분노를 가치 있고 유용한 도구로 허락하신다.

OVERCOMING
HURTS & ANGER

분노 다스리기 Ⅰ

우리는 화가 날 때 어떻게 행동해야 할까? 타인의 행동 때문에 갑자기 치밀어 오르는 모욕감과 어금니를 꽉 깨물게 하는 분노로 몸은 긴장상태로 바뀌고 보복에 대한 욕구가 번개처럼 내리칠 그때! 과연 어떻게 반응하는 것이 올바른 것일까? 분노와 적대감 그리고 화가 치밀어 오를 때 가장 이상적으로 대처하는 방법을 단계별로 알아보도록 하자.

1단계. 당신의 감정 상태를 파악하라

분노를 올바르게 다스리기 위하여 가장 먼저 해야 할 일은 분노, 불쾌감에 쌓여 상처 입은 자신의 감정 상태를 정확하게 파악하는 것이다. 이 첫 단계는 대부분의 사람들에게 그다지 어려운 문제가 아니지만, 또 누군가에게는 노력하여 반드시 선행되어야 할 중요한 과제이다. 제1장에서 언급했던 잰의 사례만 보아도 이 과정이 얼마나 필요한지 알 수 있는데 18층 높이의 다리에서 뛰어내리려고 했던 그녀는 너무나 오랫동안 분노의 감정을 억누르고 있었기 때문에 자신의 감정 상태를 정확히 파악하는 것이 무척 어려웠다. 그녀가 감지할 수 있는 감정 상태라고는 기분이 좋지 않다거나 혼란스럽다는 매우 왜곡된 의식만 느끼고 있었다. 30분을 허비한 후에야 뛰어내리려던 당시의 혼란스러웠던 정황과 감정 상태를 겨우 기억해 냈고, 그런 후에도 그녀는 자신의 감정적인 흐름 중에 극히 일부만 파악할 수 있었다.

내가 치료했던 환자들 중에는 자신의 감정 상태를 파악하는 것에만 수개월이 소요되는 경우도 있었다. 그 원인은 결국 전형적인 분노에 기인하고 있었지만 시발점이 되는 분노의 원천적인 사건을 찾아내는 것은 매우 힘든 과정이었다. 가끔씩은 이러한 과정을 다 거친 후에도 왜곡된 감정의 상태가 회복되지 않는 경우도 종종 있었다. 그런 경우 나는 분노의 상황에서 발생하는 왜곡된 감정을 찾아내기 위해서 이들의 행동을 유심히 관찰하고 다른 사람들의 비슷한 경우를 찾아 파악하려 노력했다.

나는 보통 환자들의 감정 상태를 파악하기 위해 대화 중 어떤 단어를 선택해서 사용하는지를 반드시 확인한다. 예를 들면 '매우 화가 난', '분노의 찬', '격분한' 등의 강한 어휘로 표현했을 때와 '짜증이 나는', '성가신' 정도의 어휘로 표현했을 때 수용의 태도를 보는 것이다. 잰은 '분노'라는 단어보다는 '짜증스러운 느낌'과 같은 비교적 약화된 말로 표현하기를 원했다. 나는 잰이 자신의 감정을 더 솔직하게 열어놓을 때까지 그녀의 감정을 존중하면서 동시에 그녀의 약한 감정의 불씨를 살려내기 위해 애를 썼다.

이처럼 왜곡되고 억압된 감정을 회복하기 위해서는 먼저 내면에 어떤 상처와 분노의 감정이 존재하는지 파악하는 것에 중점을 두어야 한다. 또한 그 감정의 원인이 합리적인지 또는 옳고 그른지 여부를 함부로 판단하지 말아야 한다. 즉, 자동차의 계기판 속 온도계가 가리키는 것은 엔진이 과열된 이유가 아닌 단순히 자동차가 얼마나 과열되었느냐는 것이다. 우리는 온도계를 보고 과열 정도를 파악할 뿐 과열된 이유를 따지지 않는다.

자신을 실험 대상으로 삼아 화가 난 상태를 한번 측정해 보자! 최근에 있었던 상황을 떠올리며 '약간', '꽤', '몹시' 등의 단계로 생각해 보는 시간을 갖는다면 실제로 화가 났을 때 감정을 파악하는 데 많은 도움이 될 것이다. 자신의 분노가 어느 단계에 놓여있는지를 파악하지 못한다면 정말로 분노해야 할 때 그에 합당한 행동을 하지 못할 뿐만 아니라 정말 소소한 일임에도 불구하고 과하게 화를 내는 불균형적인 행동을 초래하게 될 것이다.

2단계. 행동하기 전에 충분히 생각하라

> "내가 백성의 부르짖음과 이런 말을 듣고 크게 노하였으나 깊이 생각하고 귀족들과 민장들을 꾸짖어 그들에게 이르기를"(느 5:6-7)

느헤미야는 그 시대의 귀족들과 민장의 악행에 매우 화가 났지만 곧바로 화를 행동으로 옮기지 않고 깊이 생각한 후에 그들의 행위를 꾸짖었다. 충분한 숙고를 통하여 그들을 어떻게 꾸짖을 것인가 결정한 후에 행동으로 옮겼다. 이런 방법은 "열까지 세면서, 생각하라"라는 격언이나 미국의 정치가 토마스 제퍼슨이 말한, "화가 났는가, 그렇다면 말하기 전에 열까지 헤아려 보라, 정말로 화가 많이 났는가, 그렇다면 백까지 헤아려 보라"라는 격언으로도 알 수 있다. 또한 이러한 격언은 분노가 가지는 폭발력을 다스리는 데 그다지 긴 시간이 필요하지 않다는 것을 말해 준다. 물론 어떤 분노는 단지 수십 초만에 가라앉을 수도 있고, 어떤 분노는 몇 시간 혹은 며칠이 필요할 수도 있다. 하지만 중요한 것은 주체할 수 없는 강한 분노일수록 조절을 위하여 이러한 숙고의 시간이 반드시 필요하다는 것이다.

그렇다면 여기서 우리는 분노를 표출하기 전에 '충분히 생각하는 것' 과 '분노 표출을 억제하는 것(억제자)' 에는 어떤 차이가 있는지 충분히 의문을 제기할 수 있을 것이다. 결론부터 말하자면 두 가지의 차이는 '분노의 감정을 얼마나 많이 억제하고 있는가' 와 '얼마나 그 상황을 근본적으로 파악하고 있는가' 에 달려 있다. 또한 전자는 분노의 감정을 행동으로 옮기기 전에 일시적으로나마 돌발적인 표출을 제한하는 것이고, 후자는 분노를 자신의 내면에 차곡차곡 쌓아가면서 다시는 건설적으로 분노를 표현할 수 없도록 만드는 것이다. 이와 반대의 공격자는 자신의 감정을 무차별적으로 표출하며 주변까지 아수라장으로 만드는 파괴적이고 충동적인 양태를 보인다.

성경은 우리들에게 분노하는 행위를 절대로 서두르지 말 것을 권면하고 있다.

"어리석은 자는 자기의 노를 다 드러내어도 지혜로운 자는 그것을 억제하느니라"(잠 29:11)

위의 말씀을 확대성경에서는 "자존심이 센 바보는 자신의 모든 분노를 입 밖으로 내뱉지만, 지혜로운 사람은 그것을 절제하며 밖으로 함부로 드러내지 않는다" 라고 표현하고 있다.

앞서 나는 환자들을 치료할 때에도 먼저 환자 본인이 감정을 정리하고 마음을 열 수 있도록 기다려줘야 한다고 말했다. 또한 분노했을 때는 생각할 시간을 가질 수 있도록 한 박자 쉬는 태도가 좋다고 알려 주었다. 하지만 여기 예외로 행동에 바로 옮겨야 할 두 가지 단계가 있다. 첫 번째는 '상황에 태그하기', 두 번째는 '주위 사람들에게 알리기'이다.

1. 상황에 태그하기

대부분의 사람들은 "너 화났어?"라는 질문을 들었을 때 "아니, 나 화 안났어!"라고 충동적으로 대답한다. 그러나 화가 났음에도 불구하고 거짓으로 이와 같이 대답하는 것은 나중에 다시 그 문제를 대두하기도 어렵게 만들뿐더러 상황을 더욱 나쁘게 만든다.

따라서 자신이 어떤 상황에 대하여 분노를 느꼈을 때는 "화났어?"라는 상대방의 질문에 "응, 솔직히 기분이 좋지 않아. 근데 지금 내 감정을 말하기 전에 나도 생각을 정리한 후에 이야기하고 싶어" 또는, "응, 그 일은 너무 기분이 나빠. 그런데 아직은 나도 분명하게 설명하긴 어려워. 우리 그 문제에 대해 충분히 생각해 보고 다시 이야기하면 어떨까?"라고 분노의 상황에 태그를 하는 것이 좋다.

이처럼 상황에 태그를 붙이는 것은 나와 상대방이 해결해야 할 문제라는 것을 공식적으로 만듦과 동시에 감정 표현을 의식적으로 지연시켜 분노로 인한 실수를 하지 않게 만들어 준다. 또한 분노를 일으키게 만든 상대방에게 상황의 심각성을 무시하지 못하게 압박하며 숙고해 달라고 표현하는 것이다.

만약 이런 상황에서 위와 같이 말로 태그를 붙이지 못한다면, 적어도 마음속으로 확실하게 그 사건에 대한 태그를 붙여야 한다. 즉, 스스로 마음속에 기록을 하여 나중에 그 저장된 과거로 돌아가 문제를 해결할 수 있도록 해야 한다. 그렇지 않으면 당신은 나중에 내가 왜 분노를 느꼈는지에 대한 이유조차도 잊어버리게 되고, 왜 화가 났었는지 본인도 모호해지면서 문제도 해결할 수 없게 될 것이다. 말로써든, 스스로 마음속으로든 태그를 하지 않으면 이유도 모를 분노가 점점 쌓여 가면서 분명 심리적으로 큰 혼란을 겪게 될 것이다.

> 몇 달 전 제가 퇴근하고 집에 들어가니 제 아내가 갑자기 자신이 그동안 감당했던 집안일을 대신해 달라고 요구했습니다. 그 말을 듣는 순간 짜증이 나기 시작하면서 수많은 생각들이 머릿속을 스쳐 지나갔습니다. 제 얼굴을 물끄러미 쳐다보던 아내는 "당신 지금 화난거야?"라고 물었습니다. 저는 담담하게 "응, 기분이 좋진 않아"라고 대답했습니다. 그리고 이 상황에 태그를 달아 가능한 한 빠르고 공평하게 문제를 해

결해야겠다 싶어 제 생각을 정리하기 시작했습니다.

'나에게 집안일을 모두 넘길 만한 합리적인 근거가 뭐지? 나는 집안일 말고도 할 일이 많은데, 매일 해야 할 일이 산더미처럼 쌓여 있는데, 나에게 당장 맡기려는 이유가 뭐지?'

저는 약 10분 동안 정리되지 않았던 생각을 하나씩 분류하였습니다. 분류가 다 끝났을 때 저는 그녀에게 제 감정을 차분하게 이야기했고, 저희는 그 문제를 지혜롭게 성공적으로 해결할 수 있었습니다.

위 사례를 들어 두 가지 결론을 내자면, 첫째는 본인의 감정이 좋지 않다는 것을 솔직하게 표현했다는 것과 둘째는 분노의 감정을 곧바로 표출하지 않고 상황에 태그하는 방법을 사용했다는 것이다.

2. 주위 사람들에게 알리기

두 번째로 해야 할 행동은 주변 사람들을 배려하라는 것이다. 당신이 분노를 느꼈을 때 당장에 표현하는 것을 잠시 미뤘지만 가족이나 주변 사람들에게는 자신이 상처를 받고 있다는 사실을 인지시키는 것이 분노를 다루는 중요한 과정 중 하나이다. 예를 들어 누군가로부터 감당할 수 없는 심한 충격을 받고 집으로 돌아왔을 때 "힘든 일이 생겨서 혼자 있을 시간이 필요해요" 또는 "오늘 직장에서 힘든 일이 좀 있었어"라고 자신의 상태를 전달함으로써 자신의 상처가 가족으로 말미암아 생긴 것이 아님을 인지시킬 필요가 있다. 이 부분을 명확하게 함으로써 가족들과 분노에 찬 본인의 행동이 일으킬 수 있는 불필요한 오해를 줄일 수가 있게 되는 것이다. 가족들은 자신들이 원인을 제공한 것이 아니라는 확신을 갖게 됨으로써 불편해 하거나 위축되지 않을 뿐만 아니라 아무런 도움을 줄 수 없다 하더라도 문제해결에 좀 더 능동적인 태도를 취할 수 있게 된다.

간혹 한편으로는 자신의 상태를 알리는 것이 가족들로 하여금 걱정하도록 만든다고 생각할 수 있지만, 가족들의 염려나 의구심에 대하여 세심한 관찰을 하는 것이 필요하며 자신의 태도를 가족이 이해하도록 설득할 수 있어야 한다. 반복적으로 '혼자만의 시간'을 요구하게 되는 상황에는 특히 더 가족들과 대화를 할 필요가 있다.

감정의 문제를 효율적으로 다루기 위해서 가장 중요한 점은 언제나 '시기의 적절성'이다. 이것과 더불어 지연된 분노를 표현하기에 앞서 항상 살펴야 하는 점은 충분하게 숙고했는가와 더불어 합당한 단어와 신중한 행동을 선별하는 것이다. 결코 이 모든 것을 파악하고 자신의 모든 감정을 완벽하게 통제한 후에 행동에 옮기라는 말은 아니다. 이것은 매우 어려운 일임이 분명하지만, 분노의 문제를 적절하게 해결하기 위해서는 충분한 숙고와 합당한 단어 선택이 필수적인 요소인 것은 분명한 사실이다.

3단계. 하나님의 인도하심을 위해 기도하라

> "히스기야가 사자의 손에서 편지를 받아보고 여호와의 성전에 올라가서 히스기야가 그 편지를 여호와 앞에 펴 놓고 그 앞에서 히스기야가 기도하여 이르되"(왕하 19:14-15)

유다 왕 히스기야는 앗수르 왕이 곧 침략한다는 위협을 받았을 때 성전에 올라가 하나님께 모든 것을 맡기고 자신과 유다 백성을 도와 달라고 간절히 기도했다.

우리가 분노를 다스리는 일에 이 말씀을 적용한다면 하나님을 기쁘시게 하는 방법을 알 수 있다. 바로 분노하였을 때 히스기야처럼 올바른 길과 지혜를 달라고 간절하게 기도하는 것이다. 그러면 하나님은 우리에게 반드시 가장 좋은 방법과 길을 보여 주신다. 나는 하나님께서 크고 중대한 사안에 대한 특별한 기도만을 들어주신다고 생각하지 않는다. 오히려 일상 속에서 시시때때로 하나님의 도우심과 인도하심을 간구할 때 우리의 기도를 거절하지 않으신다고 확신한다. 또한 히스기야처럼 분노의 위기를 극복해야 하는 절박한 상황에서도 하나님은 우리의 기도에 응답하신다는 것을 확실하게 믿는다.

4단계. 진짜 이유를 찾아라

당신을 화나게 하는 것은 무엇인가? 무엇이 당신을 분노하게 만드는가? 우리가 이번 단계에서 다룰 내용이 바로 위 질문에 대한 답변이다. 대부분의 사람들에게 분노의 원인을 정확하게 파악하는 것은 그다지 어렵지 않은 일이다. 그러나 분노의 원인이 무엇인지를 정확하게 파악하지 못하거나 분노라는 감정에 대처하는 것을 어렵게 느끼는 사람들에게는 이 과정이 쉽지 않겠지만 반드시 필요하다. 열 살 먹은 자신의 아들이 자전거를 타고 놀다가 길가에 버려두고 온 것에 대해 화가 난다면, 그 화가 회사에서 자신을 괴롭히던 직장 상사에 대한 분노인지 아니면 고속도로에서 무례하게 끼어든 차에 대한 분노인지를 생각해 볼 필요가 있다. 왜냐하면 내가 원하는 만큼 분노를 표출하지 못하게 될 때 그 억압된 분노는 자신이 안전하다고 느끼는 대상에게 대리적으로 표출될 가능성이 높기 때문이다. 즉, 분노는 하향적인 먹이사슬을 형성하게 되는데 권력이 가장 강한 사장이 부하 직원에게 화를 내면 부하 직원은 그의 아내에게 화풀이를 하게 되고, 그의 아내는 자신의 어린 아들에게 화를 내는 것으로 이어지게 된다. 그러면 엄마에게 화풀이를 당한 아들은 뒷마당에 묶인 개를 발로 차는 것으로 자신의 분노를 표출할 것이다.

매우 졸렬한 이 분노의 먹이사슬은 인간에게만 해당되는 것이 아니다. 이 먹이사슬은 심지어 동물들에게 행한 실험에서도 확인된 바 있다. 구약 성경 민수기 22장에는 발람이 타고 있던 당나귀가 하나님의 사자를 목격하고 놀라는 바람에 당나귀에서 떨어진 발람이 하나님의 분노를 깨닫지 못하고 당나귀에게 분풀이하는 이야기가 있다. 이것은 아마도 인간이 분노를 자신보다 약한 동물에게 대신 표출하는 첫 번째 이야기일 것이다.

사실 분노의 발생 원인을 정확하게 찾아내는 건 간단한 일이 아니기 때문에 자신의 분노를 단계적으로 추론하거나 유추해 내지 못하는 사람들이 의외로 많다. 그러므로 자신의 분노와 분노의 원인이 되는 사건의 연관성을 찾아내기 위한 자신만의 방법을 찾아야 한다. 즉, 단순한 추론만으로 원인을 쉽게 찾을 수 없을 때 그 문제가 명백해질 때까지 메모를 한다거나 가장 친한 친구의 도움을 받아 그 문제에 대하여 심도 있는 대화를 하는 방법도 있다. 그러나 여전히 많은 사람들은 이러한 자신만의 방법을 찾지 못하고 전문가의 도움을 받아서 그 문제를 해결하고 있다. 그 방법이야 어떤 것이든지 간에 분노와 상처, 그리고 불쾌감의 원인이 완전히 밝혀지지 않는다면, 분노를 해결하기 위한 다음 단계로 나아갈 수가 없게 된다.

다음의 예를 한번 살펴보자. 비만인 한 여성 환자가 자신의 어머니로부터 "살은 쪘지만 그래도 그 옷이 너무 잘 어울리는구나"라는 말을 들었다. 그녀의 어머니는 한 문장 속에 전혀 다른 두 가지 의미를 담아서 그녀에게 말한 셈이다. 두 가지 의미 중 한 가지는 칭찬이었지만, 나머지 한 가지는 분명 딸의 기분을 불쾌하게 만드는 말이었다. 우리는 살면서 이와 같이 중의적인 말을 자주 듣게 되는데 감정에 영향을 주는 여러 메시지에 담겨 있는 칭찬과 모욕을 분리해낼 줄 알아야 한다. "엄마, 옷에 대해 칭찬해 주신 건 너무 고마워요. 그런데 살쪘다는 말은 저를 정말 화나게 해요." 이처럼 중의적으로 섞여 있는 의미들을 분류하고 그중에 나에게 불쾌감을 주는 문제를 명백하게 집어낼 줄 알아야 한다.

위의 평범한 사례를 통해서 우리가 알 수 있는 것은 가장 가까이 그리고 자주 부딪치게 되는 엄마의 메시지에도 전혀 다른 의도와 의미가 존재하고 있다는 것이다. 게다가 안타깝게도 대부분의 분노에 관한 사건은 의도와 의미가 이처럼 쉽고 간명하게 구분되지 않는다. 실제 분노 유발 상황에서 전달되는 메시지는 대부분 명백하게 분리될 수 없을 만큼 모호하고 예민하게 구성되어 있다. 우리는 반드시 자신만의 방법을 찾아야 하고, 그것을 통해 이 단계를 꼭 해결해야만 한다.

5단계. 분노의 정당성을 평가하라

하나님은 요나에게 "네가 이 박넝쿨로 말미암아 성내는 것이 어찌 옳으냐"(욘 4:9)라고 말씀하셨다. 이것은 하나님이 요나에게 화내는 것이 정당한지에 대하여 생각해보도록 말씀하신 것이다. 시들어 가는 박넝쿨이 분노를 야기하는 근본적인 원인이 될 수 없음을 지적하신 것이다.

어느 날 하루는 일을 마치고 집에 들어오는 나에게 열세 살 먹은 아들이 "뚱땡이 아빠, 안녕!"하고는 식탁에서 일어나 스치듯이 인사를 하고 자기 방으로 쏙 들어가 버렸다. 나는 순간 무례함에 화가 났지만 화를 낼 틈도 없이 아들은 이미 방으로 들어간 후였다. 나는 잠시 거실에 서서 생각을 정리했다. 아들의 말은 분명히 무례하고 상처가 되는 말이었다. 그런데 나는 아들에게 화를 낼 수가 없었다. 그 이유는 전혀 틀린 말은 아니라는 생각 때문이었다. 또한 어린 아들이 악의를 가지고 나를 놀리려고 한 게 아니라는 생각이 들자 더욱이 화를 낼 수가 없었다. 사실 나는 지난 6개월 동안 의사의 권유를 받아 줄곧 다이어트를 해야겠다고 생각하고 있었다. 즉, 정확히 말하면 아들의 말이 틀리지 않기 때문에 나는 화를 낼 정당성이 없었다. 물론 아들이 그런 무례한 방법이 아닌 더 진중한 방법으로 말해 주길 원하지만, 말버릇은 차차 충분히 훈육할 수 있는 부분이었다.

그 일이 있고 난 며칠 후 나의 친한 동료 중 한 명이 나에게 "살 좀 빼야 되겠는데?"라고 했을 때 나는 곧바로 "그래, 맞아. 그래야 되겠어!"라고 순순히 동의할 수 있었다. 비록 나의 약점을 건드리는 말이었지만, 나는 상처 입지 않았고 오히려 그 말에 수긍함으로 무려 20kg의 살을 빼는 쾌거를 이루었다.

6단계. 행동 방침을 결정하라

> "내가 백성의 부르짖음과 이런 말을 듣고 크게 노하였으나 깊이 생각하고 귀족들과 민장들을 꾸짖어 그들에게 이르기를 너희가 각기 형제에게 높은 이자를 취하는도다 하고 대회를 열고 그들을 쳐서"(느 5:6-7)

느헤미야는 귀족들과 민장들의 악행에 분노하였음에도 먼저 자신의 감정을 다스리고 그 상황에 대한 깊은 숙고를 통하여 자신이 취할 행동을 이성적으로 결정했다. 그리고 마침내 아직도 노예 상태와 다름없는 동족에게 높은 이자를 받고자 하는 귀족들과 민장들의 불의한 행태를 강력하게 책망하게 된다.

분노의 감정을 어떻게 표현하는 것이 가장 바람직한가에 대한 숙고는 내재된 감정의 문제를 건강하게 해결할 수 있는 가능성을 높여 준다. 또한, 분노의 감정을 상대에게 표현할 만한 명백한 정당성을 확보하지 못한 상황이라면, 정리되지 않은 자신의 감정을 조급하게 드러내기보다 충분한 시간을 가지고 숙고하는 것이 바람직한 태도이다. 앞의 단계들과 숙고의 과정을 거친 후에야 비로소 자신의 감정을 건강하고 건설적으로 표현할 수 있는 성숙한 태도와 표현을 가질 수 있게 될 것이다. 아래는 분노의 감정을 표현하는 여덟 가지의 각기 다른 행동 방침이 있다. 당신이 정말로 분노의 감정을 성숙하게 다스리고 싶다면 각각의 이 접근방식을 능숙하게 다룰 수 있어야 한다.

a. 필요하다면 정면 대응하라

내면의 감정을 진솔하게 드러내는 것에 익숙하지 않은 사람들은 감정적 정면 대응의 방식을 항상 어렵게 느낀다. 하지만 감정을 표현하는 것에 성숙한 사람들은 감정을 표현해야 할 가장 적절한 때를 놓치지 않는다.

> "내가 마음에 큰 눌림과 걱정이 있어 많은 눈물로 너희에게 썼노니 이는 너희로 근심하게 하려 한 것이 아니요 오직 내가 너희를 향하여 넘치는 사랑이 있음을 너희로 알게 하려 함이라"(고후 2:4)

이 구절을 보면 바울은 자신의 편지를 읽는 각 지교회의 성도들에게 자신의 감정을 효과적으로 잘 전달하고 있는 것을 알 수 있다.

> "그런즉 거짓을 버리고 각각 그 이웃과 더불어 참된 것을 말하라 이는 우리가 서로 지체가 됨이라 분을 내어도 죄를 짓지 말며 해가 지도록 분을 품지 말고 마귀에게 틈을 주지

말라, 서로 친절하게 하며 불쌍히 여기며 서로 용서하기를
하나님이 그리스도 안에서 너희를 용서하심과 같이 하라"
(엡 4:25-27, 32)

위 구절을 주목해 보자. 바울은 첫째로 거짓을 버리고 그 이웃에게 참된 것을 말하라고 권면하고 있다. 둘째로 분노를 표현할 적절한 때를 기다리라고 권면함과 동시에 그 분노의 표현이 죄가 되지 않도록 조심하기를 강조하고 있다. 셋째로 친절하게 행동하고 서로를 불쌍히 여기며 용서의 태도를 가지라고 조언하고 있다.

얼핏 보면 이러한 바울의 권면이 모순적으로 보일 수도 있다. 그러나 분노를 다스리는 성숙한 자세의 관점으로 본다면 본 구절이 지향하는 의미와 가치를 충분히 깨닫게 될 것이다. 데이비드 옥스버거(David Augsburger)는 "사랑이 내포된 진실의 표현은 때때로 분노의 감정과 정면 대응을 요구하며, 이 정면 대응이 수용될 때 비로소 용서가 실현될 수 있다"라고 말했다. 그는 이것을 '사랑에 의해 실현된 진실'이라고 표현하고 있다.

성경에는 정면 대응에 대한 많은 사례들이 존재한다. 그중 우리에게 울림을 일으키는 첫 번째 사례는 마가복음 7장에서 예수님께서 바리새인들의 위선에 대하여 강하게 책망하시는 장면일 것이다. 그 당시의 유대 율법사인 바리새인들은 예수님의 말씀이나 행동을 도저히 이해할 수 없었다. 그렇기 때문에 그들은 율법을 어기는 것처

럼 보이는 예수님의 모습에 대하여 비난하지 않을 수 없었다.

> "이에 제자들이 나아와 이르되 바리새인들이 이 말씀을 듣고 걸림이 된 줄 아시나이까"(마 15:12)

제자들은 바리새인들의 그러한 비난이 나름대로 타당하지 않는가를 우회적으로 예수님께 묻는다. 그러나 예수님께서는 바리새인들의 문제를 정면으로 대응하여 진실을 나타내려 하셨기에 말씀을 번복하지 않으셨다. 또한 "예수께서 돌이키시며 베드로에게 이르시되 사탄아 내 뒤로 물러가라"(마 16:23)라고 자신의 제자인 베드로를 강하게 책망하셨다.

사도행전에는 "바울 및 바나바와 그들 사이에 적지 아니한 다툼과 변론이 일어난지라"(행 15:2)라는 말씀이 나오는데, 바울이 다른 동역자들과 종교적인 관습의 문제로 인한 갈등에 강하게 대응하는 모습을 보여 주고 있다. 또한 갈라디아서에서도 "게바가 안디옥에 이르렀을 때에 책망 받을 일이 있기로 내가 그를 대면하여 책망하였노라"(갈 2:11)라고 자신과 베드로 사이에 복음에 대한 태도 문제로 강하게 부딪히는 모습을 보여 주고 있다.

정면 대응이 반드시 적대적이고 고통스러운 경험을 의미하는 것은 아니다. 얼마든지 서로에 대하여 예의를 다하고 용서하는 마음으로 이루어 낼 수 있지만 쉽지 않은 것이 사실이다. 예수님께서는 그러한 이상적인 정면 대응의 모범이 되어 주셨다.

예수님은 간음으로 인해 돌에 맞아 죽을 처지에 놓인 여인에게 "가서 다시는 죄를 범하지 말라"(요 8:11)라고 말씀하심으로 용서와 권면의 모범을 보이셨다. 예수님은 그 여인이 죄를 지었다는 사실을 명확하게 인정하시지만, 정죄하지 않으시고 더 이상 죄를 짓는 존재가 되지 말기를 부드럽게 권면하여 용서의 모범을 보이셨다.

요한복음 4장에서도 예수님은 수가성 우물가에서 만난 여인에게 매우 부드러운 방식으로 그녀의 신앙과 윤리적인 문제에 대하여 권면하셨다. 그녀는 생존을 위해 어쩔 수 없이 결혼하지 않은 남자와 몸을 섞고 살아가는 가련한 여자였다. 예수님께서는 그녀에게 왜 그러한 삶을 사느냐고 정죄하지 않고도 그녀가 새로운 삶을 결단할 수 있도록 자신의 문제와 정면 대응할 수 있는 방법을 제시하셨다. 예수님께서는 '사랑에 의해 실현된 진실'로써 참된 정면 대응이란 타인과의 문제를 공격적인 방법으로 해결하는 것이 아니라 진솔하고 진정성 있는 대화를 통해서 해결하는 것임을 직접 보여 주신 것이다. 이 정면 대결의 방법은 가능하다면 일대일의 관계에서 이루어지는 것이 가장 이상적이다. 즉, 두 사람 사이에 문제가 발생한다면 다른 사람의 개입 없이 당사자들 간의 노력을 통해서 해결하는 것이 가장 바람직하다는 것이다. 잠언에 "너는 서둘러 나가서 다투지 말라 마침내 네가 이웃에게서 욕을 보게 될 때에 네가 어찌할 줄을 알지 못할까 두려우니라 너는 이웃과 다투거든 변론만 하고 남의 은밀한 일은 누설하지 말라"(잠 25:8-9)라고 다른 사람에게 그 문제를 함부로 누설하는 것은 법률적인 분쟁의 위험성이 있다는 점을 경고하고 있다. 마태복음에서도 "네 형제가 죄를 범하거든 가서 너와 그 사람과만 상대하여 권고하라 만일 들으면 네가 네 형제를 얻은 것이요"(마 18:15)라고 신중한 정면 대응을 권면하고 있다.

물론 이것에 해당되지 않는 다른 상황도 있다. 갈등의 문제가 당사자 두 사람만이 아닌 다른 목격자나 다른 사람들이 관련되어 있다면, 문제해결을 위해 그들의 참여도 필요하다. 또한 관련 당사자가 문제해결하는 것을 거절함으로써 제삼자가 참관인으로 포함되는 경우도 그러하다. 여기에서 고려해야 할 가장 중요한 점은 해결을 요구하는 사람들의 지분이라고 할 수 있다. 다른 사람들이 문제해결을 위해 참여하는 것은 도덕적인 지지가 필요할 때나 안전에 대한 염려가 있을 때, 혹은 자신의 말이 오도될 수 있는 상황이 걱정될 때 등 상황에 따라 가치 있는 방법이 될 수 있다. 마태복음에 "만일 듣지 않거든 한두 사람을 데리고 가서 두세 증인의 입으로 말마다 확증하게 하라 만일 그들의 말도 듣지 않거든 교회에 말하고 교회의 말도 듣지 않거든 이방인과 세리와 같이 여기라"(마 18:15-17)라는 구절이 있다. 갈등의 문제는 가능한 한 당사자끼리 진솔한 대화를 통하여 해결하는 것이 가장 바람직하지만 때로는 다른 사람의 개입이나 증언이 필요할 때도 있다.

아래 정면 대응의 방식으로 문제를 해결하는 세 가지 일반적인 방법이 있다. 첫째는 정보를 명확하게 전달하는 것, 둘째는 자신의 솔직한 감정을 나누는 것, 셋째는 사랑을 담아서 권면하는 것이다.

1) 정보를 명확하게 전달하기

1979년 1월 29일, 한 명의 미 공군 하사가 캘리포니아에서 콜로라도로 여행을 하던 중이었다. 그런데 차량이 고장나는 바람에 예상보다 훨씬 많은 비용을 수리비로 지출하게 되었다. 뉴멕시코의 래톤에 도착했을 때는 돈과 기름이 다 떨어져 매우 곤란한 지경에 이르렀다. 은행 계좌에 잔고가 남아 있었지만 그 지역의 은행이나 주유소, 모텔에서는 개인수표를 모두 거절했다. 그는 별수 없이 고장 난 차로 되돌아가 영하로 떨어진 날씨에 추위를 견디며 밤을 보낼 수밖에 없었다. 그가 만약 경찰서나 도움을 받을 수 있는 곳을 찾아 자신의 위급한 상황에 대한 정보를 명확히 제공할 수 있었다면 혹은 그 도시의 시민들 중 누구에게라도 자신의 상황을 정확히 알리고 도움을 청할 수만 있었다면, 혹독한 추위 때문에 동상에 걸린 발을 잘라내야만 하는 비싼 대가를 치르지 않아도 되었을 것이다.

우리는 문제에 대한 정보를 상대방에게 명확하게 전달하는 것을 자주 실패하곤 한다. 작은 예를 들어 복잡한 엘리베이터에서 누군가 내 발을 밟은 경우, 상대방에게 전할 수 있는 가장 쉽고 빠른 표현은 "당신이 내 발을 밟고 있어요"가 될 것이다. 가능한 한 빨리 그 정보를 전달하지 않으면 상대방은 내 발을 밟고 있는 것조차 인지하지 못할 것이다. 하지만 대부분의 사람들은 화가 잔뜩 난 상태로 "뭐 하시는 겁니까? 지금 발 밟았잖아요?!"라고 쏘아붙이거나 기분 나쁜 표정으로 상대방을 노려본다. 이것은 명확한 정보 전달이 아닐뿐더러 결국 서로 간에 매우 불쾌한 상황으로 몰아가는 결과를 초래한다. 만약 누군가가 자신의 앞으로 새치기를 할 때 "죄송합니다만, 이 줄의 시작은 저쪽 끝부터입니다"라고 정중하게 권면한다면 그가 설령 의도적으로 새치기를 했다 하더라도 상황을 더욱 나쁘게 만들지 않으면서도 간단하게 문제를 해결할 수 있을 것이다.

인간은 감정이 격해지면 입에서 나오는 표현 또한 그만큼 격해지기 마련이다. 하지만 우리가 말과 표현 속에 격한 감정을 담지 않고 상대방에게 자신의 감정 상태를 전달할 수만 있다면, 우리는 어떤 종류의 문제라도 확실하게 해결의 초석을 다질 수 있을 것이다.

과거에 나와 아내 베티는 자신의 감정을 서로에게 솔직하게 표현하지 못해 불편해 하곤 했다. 이 불편함은 결국 결혼생활 내내 문제로 작용했고 우리도 그 사실을 인정하고 있었다. 그러다 서로의 솔직한 감정 교류가 절실하게 필요하다는 것을 느끼게 하는 결정적인 사건이 발생했다. 나는 그 당시 병원에서 일하며 교회에서 무료상담과 자문위원으로 활동함과 동시에 임상실험까지 진행하며 극도로 바쁜 시간을 보내고 있었다. 나는 매일 습관처럼 가족들이 아침을 먹기도 전에 집을 나왔고 모두가 잠든 시간에 집에 돌아왔다. 그렇게 쉴 새 없이 바쁜 일정을 짠 것은 명백한 내 잘못이었다. 이런 핑계로 나는 아내의 말에 귀 기울일 여유가 없었다. 그녀 또한 내 일정을 잘 알고 있었기 때문에 내가 아내의 필요를 채워 주지 못함에도 불구하고 화를 내지 않았다. 그 당시 아내가 보내는 문제에 대한 메시지를 내가 좀 더 분명하게 인지했더라면 더욱 **빠르게** 불화를 해결할 시간을 잃어버리지는 않았을 것이다. 하지만 나는 그녀가 얼마나 심각한 상처를 받고 있는지 알 수가 없었고, 그녀 또한 나에게 문제를 효율적으로 전달하는 방법을 찾지 못하고 있었다.

그러던 어느 날, 그녀가 우연히 내 친구에게 그 문제를 털어놓게 되었고 그 친구의 권유에 따라 나를 만나러 사무실까지 함께 찾아왔다. 하지만 불행하게도 내가 자리를 비운 사이 다녀갔고, 서로 간의 소통의 문제를 제기하는 메모만 받을 수 있었다. 그 이후 우리는 한 주간 심한 갈등과 고통에 시달렸지만, 이 시간 동안 의도치 않게 서로에게 결코 가볍지 않은 상처를 주었음을 깨닫게 되었다. 내가 좀 더 일찍 그녀의 문제를 파악할 수 있었거나 아내가 나에게 자신의 문제에 대해 좀 더 명확하게 이야기했더라면, 서로에 대한 원망과 갈등이 이렇게 깊어지진 않았을 것이다.

2) 솔직한 감정 나누기

명확한 정보 전달에 이어 정면 대응으로 분노의 감정을 해결하는 두 번째 방법은 솔직한 감정을 나누는 것이다. 사실 분노 자체는 근본적인 감정이 아닌 이차적인 감정이라고 할 수 있는데, 원하는 바가 이루어지지 않았을 때 느끼는 좌절감이나 낙담, 또는 어떤 위협이나 모욕에서 오는 것이라 할 수 있다. 솔직한 감정이란 일반적으로 마음의 상처, 의기소침, 좌절, 위협, 두려움과 같은 것들이다. 예를 들어 어떤 사람이 발을 밟았을 때, 처음 느끼는 것은 고통이고 분노가 그 뒤를 따를 것이다. '고통'이 첫 번째 감정이요, '분노'가 두 번째 감정이라는 것이다. 하나님께서 주신 이 감정의 단계는 매우 역동적이며, 첫 번째 느끼는 솔직한 감정은 일종의 방어적인 경고 신호라 할 수 있고, 이어서 오는 분노라는 두 번째 감정은 상대방에게 방어적인 행위를 할 수 있게 만들어 준다. 여기서 우리가 알아야 할 점은 분노를 다루는 건설적인 방법 중 하나가 바로 이 일차적인 감정을 잘 다스려야 한다는 것이다. 그래야만 이차적인 감정까지도 잘 다스릴 수 있게 되고, 그러고 난 후에 상대방과 진심을 나누는 행위를 실천하는 것이다.

일차, 이차적인 감정을 정확히 파악한 후 보내는 '솔직한 감정' 메시지는 정면 대응으로 분노를 다스리는 방법을 극대화 시킬 수 있다. '솔직한 감정'에 대한 메시지는 진심을 나누는 가장 아름다운 최선의 방법이며, 서로의 솔직한 감정을 알 수 있게 하고 마음을 움직일 수 있는 가장 유용한 방법이다. 여기서 주의해야 할 점은 표현하는 방법인데, '솔직한 감정' 표현이 잘못되어 공격적으로 바뀌는 것을 조심해야 한다. 여기 이차적 감정에 휘둘린 표현과 솔직한 감정 표현의 예가 있다.

'비난의 감정' 메시지	'솔직한 감정' 메시지
1. 너는 왜 그렇게 마리에게만 빠져있는 거야? 내가 미치는 꼴 보고 싶어?	1. 무시 당하는 기분이 들어. 나에게 소홀한 거 아니야?
2. 너 지금 나 따돌리냐?	2. 나도 꼭 가보고 싶은데 같이 못 간다니 서운해.
3. 너는 꼭 일이 잘못되면 내 탓을 하더라!	3. 나도 그 일에 대해서 책임감을 느끼고 있어.
4. 너는 왜 항상 그렇게 따지는 거야?	4. 꼭 내가 죄수처럼 심문 당하는 기분이야!
5. 너랑 있으면 항상 기운이 빠져.	5. 오늘 기분이 좀 우울하네.

위의 표를 살펴보면 '비난의 감정' 메시지는 항상 비난의 표현과 함께 '너'라는 지칭으로 시작된다. 이것은 상대방의 감정, 동기, 의도를 이미 알고 있다는 가정으로부터 시작되는 표현이다. 예를 들어 "너는 왜 매번 나를 무시해?"라는 표현은 그 사람의 의도를 잘 알고 있다 하더라도 자의적인 확신 또는 가정으로부터 시작되는 것이기 때문에 상황을 더 악화시킬 수밖에 없다. 설령 그러한 비난의 메시지가 옳다 하더라도 이런 표현은 지지 받을 수 없다. 또한 '비난의 감정' 메시지에는 상대방에 대한 일방적인 정죄, 비난, 공격성이 담겨 있기 때문에 당사자가 그 메시지 안에 담긴 정확한 의미를 분류해 낼 수 없거니와 올바르게 대응할 수가 없게 된다. '비난의 감정' 메시지는 상대방에 대한 적대감과 자신에 대한 방어적인 측면을 부각하려는 경향이 강하다. 그렇기 때문에 정말로 감정을 다스리는 데 성숙한 사람만이 잘 감당할 수 있지 않을까 생각한다.

임상실험 과정을 수행하고 있던 어느 날, 나는 동료들과 함께 밥을 먹고 있었다. 바로 위 상사가 내 옆자리로 와서 함께 식사를 하게 되었고 우리는 이런저런 이야기를 나누었다. 그러던 중에 상사가 나에게 상처가 되는 이야기를 무심코 뱉었고 그 당시에 나는 크게 상처를 받았다. 그 순간 나는 앞서 언급했던 일차 감정인 모멸감을 느낀 데 이어 이차 감정인 심한 격분이 일어나고 있음을 바로 알아차릴 수 있었다. 그리고 이 문제에 대하여 그와 정면 대응이 필요하다고 느꼈다. 나는 곧바로 그에게 '솔직한 감정' 메시지를 전달하기로 하고 짧지만 분명하게 "그 말은 나에게 상처가 되는군요"라고 내 심정을 말했다. 식사 테이블에는 몇 초간 적막감이 감돌았지만 금세 대화의 주제가 바뀌었다. 나는 그에게 나의 상처와 분노의 감정을 정직하게 털어놓고 이야기를 나누자고 했고, 그와 대화를 나누며 의도했던 이야기의 방향과 진정성 있는 해명을 들을 수 있었다. 이 과정을 통하여 우리는 서로에 대한 이해도가 높아졌고 함께 일하며 더욱 손쉽게 일 처리를 할 수 있었다.

이와 비슷한 시기에 '솔직한 감정' 메시지를 효과적으로 전달하여 유사한 모습으로 또 다른 문제를 해결한 적이 있다. 이 사건은 정신과 감독관과 나의 동료 사이에 벌어진 일이었다. 그 당시 감독관은 수련의들을 매우 혹독하게 다루기로 유명했다. 그때도 그 감독관은 우리의 임상 사례에 대해 특별히 흠잡을 것이 없음에도 오히려 나와 내 동료를 사정없이 몰아붙이며 비난을 쏟아부었다. 나는 아무 이유 없이 그에게 공격당하는 것이 싫었을 뿐 아니라 그가 나에게 분노를 야기시키는 인물이 되기를 원치 않았다. 그래서 나는 "감독관님의 조언은 잘 들었습니다. 그런데 말씀을 듣고 나니 더 위축되고 부담이 느껴집니다"라고 용감하게 말했다. 잠시 동안 침묵이 흘렀고, 그가 우리에게 말했다.

"이런 일을 하고 있는 나도 맘이 편치만은 않습니다." 그는 좀 더 시간이 흐른 후 재빨리 내 말을 가로채듯이 "제 말이 여러분에게 단순한 비난이 되는 것은 원치 않습니다"라고 자신의 속내를 표현했다. 결국 상처에 대한 솔직한 감정 전달 방식을 통해 감독관으로부터 어떤 교묘하고 기만적인 비판의 말을 듣지 않고도 문제를 해결할 수 있게 된 하나의 성과라고 볼 수 있다.

데이비드 옥스버거는 그의 책 『성숙한 정면 대응(*Caring Enough to Confront*)』에서 솔직한 표현과 정확한 관점을 회피하는 것이 종종 친절하고 사려 깊거나 관대하다는 여김을 받는다고 비판하고 있다. 하지만 이러한 태도는 실제로 다른 사람에게 매우 잔인한 행위가 될 수 있음을 명심해야 한다. 즉, 자애로운 거짓말이 되는 셈이다.

3) 사랑으로 권면하기

분노의 감정에 정면 대응하는 가장 강력한 방법인 '사랑으로 권면하기'는 부적절한 행위를 하는 사람에게 징계나 책망 같은 공격적인 방식보다는 언제나 사랑을 담아서 이루어져야 한다는 것이다. 분노와 갈등의 최종적인 목적은 언제나 화해가 되어야 한다. 그의 행위를 싫어하거나 그의 존재를 미워하더라도 그 사람에 대한 태도는 언제나 화해가 궁극적인 목적이 되도록 해야 한다. 잠언은 "면책은 숨은 사랑보다 나으니라 친구의 아픈 책망은 충직으로 말미암는 것이나 원수의 잦은 입맞춤은 거짓에서 난 것이니라"(잠 27:5-6)라고 말씀하고 있다. 우리는 서로에게 솔직한 감정 표현을 통해 사랑으로 화해한다는 최종 목적을 잊지 말아야 한다. 앞서 이미 언급한 것처럼 엘리 대제사장은 자신의 아들들을 제대로 책망하지 않았기 때문에 결국 죄인의 자리에 놓이고 말았다(삼상 3:13). 하나님을 섬기는 일에 자신의 아들들이 온갖 악행을 저질렀음에도 불구하고 그가 아들들에게 한 것이라곤 그저 무기력한 말 한마디를 툭 던진 것뿐이었다. 사랑한다면 서로 더욱 솔직해야 하며 사랑으로 권면해야 한다.

4) 간과하지 말아야 할 추가적인 내용

사람들은 자주 자신의 권면이 상대방을 오히려 분노하게 하는 것이 아닐까 하는 두려움으로 정면 대응을 회피하려고 한다. 그리고 대부분의 사람들이 정면 대응 방식에 심한 불편함을 느낀다. 정면 대응을 시도하는 것이 처음에는 매우 불편하게 느껴지더라도 분노를 조절하고 효과적으로 표현하는 방법을 체득하기 위해서는 분노의 표출을 절제하며 연습해야 한다. 그러나 혼자의 힘으로 분노가 도저히 조절되지 않는다면, 정면 대응 방식을 잠시 포기하고 전문가를 비롯한 주변 사람들의 도움을 받는 것이 좋다. 물리적인 공격을 시도하거나 언어적인 폭력을 행사하지 않고도 정면 대응할 수 있다면 충분히 혼자서 훈련이 가능하다.

또한 정면 대응을 회피하기 위해 불편한 감정 또는 너그러운 마음을 이용하는 실수를 저지르지 말자. 앞서 언급한 것처럼 정면 대응을 회피한 결과는 나중에 실로 상상을 초월하는 대가를 지불하게 된다. 앞에서 제시했던 방식에 따라 상황을 해결하려고 노력한다면 시간이 지나고 상황이 더 악화되는 것보다 훨씬 바람직한 결과를 얻게 될 것이다. 또한 그 보상으로 모든 주변 관계들이 회복되고 마음에 진정한 평안을 얻게 될 것이다.

08

OVERCOMING
HURTS & ANGER

분노 다스리기 II

7장에서는 분노와 상처를 일으키는 여러 상황에 대처하는 기본적인 단계에 대하여 이야기했다.(132페이지의 그림 7을 통해 전체적인 순서를 확인해 보자.)

1단계는 자신의 감정적인 상태를 정확하게 파악하는 것, 2단계는 자신의 감정과 행동을 완전히 통제하고 정확한 이유를 찾을 때까지 감정의 표출을 지연시키는 것이었다. 다음으로 하나님의 인도하심을 위해 기도하고 깊게 묵상하면서 분노의 진정한 원인이 무엇인가를 정리해 보고 그것이 정당한 이유를 가지고 있는지 확인해야 한

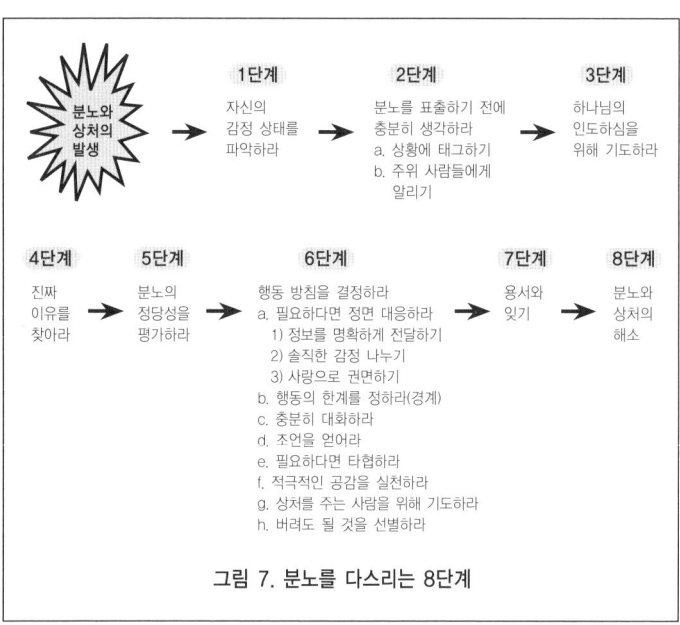

그림 7. 분노를 다스리는 8단계

다. 이런 충분한 감정 정리를 거친 후에야 비로소 어떤 행동을 실행할지 결정할 수 있게 된다. 우리는 이제 우리가 선택할 수 있는 여덟 가지의 행동 방침 중 첫 번째 정면 대응에 관하여 살펴보았다. 이 장을 들어가기 전에 이해가 부족한 경우는 7장의 내용을 복습하는 것도 좋은 방법일 것이다.

이제 계속해서 분노의 상황이 벌어졌을 때 해야 할 행동들을 차례대로 자세히 알아보도록 하자.

b. 행동의 한계를 정하라(경계)

31살의 크리스틴은 우울증으로 병원을 찾아왔다. 10살, 8살의 두 아들을 둔 그녀는 아이들 때문에 자주 화를 낼 수밖에 없었다. 예를 들어, 첫째 아들 존은 사람들이 빈번하게 드나드는 뒷문 옆에다 종종 자전거를 세워놓곤 했다. 그녀는 그러지 말라고 몇 번이나 말했지만 존은 말을 듣지 않았다. 한번은 화가 머리 끝까지 나서 존을 불러다가 소리를 지르며 혼냈지만 그녀의 분노는 존의 행동에 아무런 변화를 주지 못했다.

나는 그녀와 함께 한 주 동안 '행동의 한계를 정하는 것'과 '행동의 결과를 설정하는 것'에 대하여 이야기를 나누었다. '한계를 정한다는 것'은 자신이 표현해도 되는 행동과 하지 말아야 하는 행동의 차이를 이해하고 경계선을 정하는 것을 의미한다. '행동의 결과를 정한다는 것'은 용납할 수 없는 일이 발생했을 때 그것으로 인하여 어떤 일이 발생할 수 있는지를 정확하게 정리해 놓는 것을 의미한다. 이 두 가지를 설정했을 때 실제로 크리스틴에게 어떤 일이 생겼을까? 한 주가 지난 후 크리스틴은 큰 박스를 쓰레기장으로 옮기고 있었다. 처음에는 박스에 가려 자전거가 뒷문 옆에 세워져 있는 것을 미처 발견하지 못했지만, 다시 자전거가 세워져 있는 것을 발견하고는 갑작스러운 분노에 박스를 바닥에 떨어뜨리고 말았다. 크리스틴은 다시금 아드레날린이 치솟았고 당장 존을 불러 큰소리로 혼쭐을 내고 싶었다.

 그러나 그 전날 상담받았던 '행동의 한계'를 기억한 그녀는 마음을 가라앉히고 담담하게 존을 불렀다. 그리고 존이 자전거를 뒷문 옆에 세워놓음으로써 자신이 큰 부상을 당할 수도 있었고, 박스 안에 들어있는 물건이 심하게 파손될 수도 있었다고 '행동의 결과'를 하나하나 설명해 주었다. 그런 후에 그녀는 자신이 박스를 옮겨놓는 동안 자전거를 제자리에 두기를 바란다고 존에게 명확하게 이야기했다. 또한 자신이 쓰레기장에서 돌아올 때까지 자전거를 옮겨놓지 않으면 자신이 직접 자전거를 옮길 것이고, 그렇게 되면 최소 일주일은 자전거를 탈 수 없도록 자물쇠를 채워 놓겠다고 으름장을 놓았다. 이것은 존에게 약 1마일 정도 떨어진 학교를 자전거 없이 걸어 다녀야 한다는 것과 방과 후에도 자전거를 타고 놀 수 없다는 것을 의미했다. 존에게는 매우 중대한 문제였다.

 쓰레기장으로 발걸음을 옮기던 크리스틴은 마음속에 들끓던 분노가 얼마나 빠르게 가라앉았는지 스스로도 놀라고 있었다. 평소에는 이런 분노가 쉽게 가라앉지 않아서 하루종일 불편한 마음으로 생활했을 뿐만 아니라 그 기분이 가족에게도 영향을 끼쳐 집 분위기까지 망치곤 했었다.

 박스 정리를 마친 후 크리스틴은 뒷문을 확인해 보았다. 놀랍게도 자전거는 보이지 않았다. 그리고 그 이후에도 다시는 자전거가 그 자리에 방치되는 일이 없었다. 크리스틴은 소리를 지르며 분노를 마구잡이로 표출했던 과거와 달리 문제가 너무 쉽게 해결된 것에 놀라움을 금치 못했다. 그녀는 분노의 표출에 대한 명확한 한계와 행동의 결과를 설정함으로써 쉽게 문제를 해결할 수 있었던 것이다.

이처럼 한계 설정은 어떤 기준이나 규범, 한계를 정함으로써 당사자들이 그 책임이나 권리를 가진다는 점에서 어떤 상황에서도 적용할 수 있는 매우 유용한 원리이다. 따라서 어떤 존재가 자신의 권리 영역을 침해할 때도 유용하게 사용할 수 있을 뿐만 아니라 직장상사나 부모님 혹은 선생님 등 모든 종류의 인간관계에서도 다 적용할 수 있다는 이점이 있다. 그러나 이러한 한계를 설정할 때 꼭 명심해야 할 점은 규칙은 반드시 공정하고 지속성을 담보할 수 있어야 하며 이 원리에 참여하는 모든 대상이 규칙을 위반하게 되면 어떤 결과가 발생하게 될지를 충분히 인지해야 한다는 것이다. 또한 '이번 한 번만'이라는 위반의 유혹을 강하게 받더라도 반드시 규칙을 준수해야만 한다.

또 하나 주의해야 할 점은 상대에게 먼저 공격적인 행동을 취한 후 규칙을 설정하는 것은 그다지 현명하지 못한 방법이며 좋은 결과를 얻을 수 없다는 것이다. 예를 들어 크리스틴이 존에게 경고도 주지 않은 채 바로 자전거에 자물쇠를 채웠다면 엄마의 행위가 불공평하다고 생각한 존은 틀림없이 매우 강하게 반발했을 것이다. 그러나 존에게 자전거를 옮길 만한 충분한 시간을 주었기 때문에 아무런 불평 없이 재빨리 자전거를 옮기는 좋은 결과를 얻게 된 것이다. 게다가 존의 준법성을 더욱 강화할 수 있었던 이유는 존이 그 규칙을 위반한다면 언제든지 그에 합당한 제재를 가할 수 있다는 규칙의 지속적인 유효성이 있기 때문이었다.

한계 설정에 대하여 좀 더 많은 지식을 원한다면 아래 책을 참고하자. 도움이 많이 될 것이다.

- 『Boundaries: When to Say Yes, How to Say No Take Control of Your Life』
- 『Boundaries with Kids』

c. 충분히 대화하라

충분한 대화 역시 감정을 정화시키는 유용한 방법이 될 수 있다. 대화를 통해 부정적인 생각을 제거하고 순수한 감정만 남김으로써 고통스러운 감정을 건강하고 건설적인 생각으로 바꿀 수 있다. 대부분의 많은 사람들은 분노의 행위를 취하기 전에 자신의 감정과 문제를 누군가에게 털어놓고 싶어 하기 때문에 이 단계는 어느 순서에서든지 유익하다고 할 수 있다.

감정의 정화란 공감적인 능력을 가진 사람에게 자신의 문제를 충분하게 털어놓음으로써 감정적 동화를 통해 치유와 회복이 일어나는 것을 말한다. 실제로 정서적으로 신뢰하는 누군가에게 내면의 숨겨진 이야기들을 털어놓게 되면 정서가 개선되는 것을 볼 수 있다.

성경에는 이러한 대화를 통한 감정 정화의 이야기가 많이 있다. 욥기, 시편, 예레미야 애가에서만 보더라도 수많은 믿음의 사람들이 자신의 절망스러운 현실과 내면에 쌓인 고통을 쏟아지는 폭포수처럼 하나님 앞에 털어내는 것을 확인할 수 있다. 이처럼 기도를 통하여 하나님께 자신의 참을 수 없는 고통의 문제를 쏟아내는 것은 정화를 위한 가장 뛰어난 방법이라 하겠다.

연구를 통해 알게 된 사실이지만, 분노를 다스리는 방법 중 가장 쉽고 유용한 방법이 대화임에도 불구하고 많은 사람들이 어려움을 느끼고 있었다. 이런 사람들 중에는 부칠 수도 없는 편지를 자신에게 쓰거나, 자신만의 공간에서 문제를 글로 적기도 하고, 홀로 녹음을 하는 등 혼자만의 방법으로 마음을 치유해 보려고 한다. 이럴 때는 믿을 수 있는 친구가 매우 귀중한 존재가 된다. 자신의 마음을 열고 내면의 상처와 고통을 친구에게 표현함으로써 감정의 정화를 얻을 수 있는 대화의 가치 있는 능력을 깨닫지 못하고 살아가는 사람들이 의외로 많다. 말했듯이 충분한 대화를 통한 정화는 분노와 상처를 씻어낼 수 있는 아주 필수적이고 중요한 작업이다. 하지만 이것 또한 분노를 다스리는 여러 단계 중 단지 하나의 단계가 될 수 있다는 점도 알아두어야 한다.

대화를 통한 감정 정화는 이미 많은 연구와 임상실험을 통해 그 효과가 입증되었는데, 특히 부정적인 감정을 솔직하게 말하는 것이

면역체계 개선과 고혈압 예방 등 건강한 삶을 위해 매우 가치 있는 행위라는 것이 입증되었다. 이로 인하여 국가적으로 의료비용 또한 절감시키는 효과를 가져왔다. 이 연구와 실험에는 믿을 수 있는 대상과의 대화뿐만 아니라 기도와 같은 종교적인 고백 또한 포함되었다.

물론 대화를 통해 정화하는 방법에도 한계가 있다. 어느 부분까지는 매우 뛰어난 치료 능력을 가지고 있지만, 대화의 방법을 정확히 이해하지 못한다면 오히려 파괴적인 결과를 가져올 수도 있다. 욥기 3장에서부터 37장까지를 확인해 보면 욥은 하나님과 그의 친구들에게 매우 공격적이고 원망의 방식으로 분노를 '발산' 해 버린다. 그러자 하나님께서는 '이제 그만큼 했으면 됐다' 고 욥에게 절제를 요구하신다(욥 38). 우리는 욥을 통해 계속되는 일방적인 정화의 방법은 오히려 개인의 억눌린 분노를 증가시키거나 부적절하고 공격적인 행동을 더욱 강하게 촉발시킬 수도 있다는 것을 알아야 한다.

d. 조언을 얻어라

부정적인 감정을 다스리는 또 다른 방법은 상담을 적극적으로 활용하는 것이다. 때때로 우리는 문제를 충분히 들어주고 이해를 통해 대안을 제시해 주는 상담가가 필요할 때가 있다. 물론 그 사람이 반드시 전문 상담가일 필요는 없다. 때로는 친구, 배우자, 동료들이 그

역할을 감당해 주는 사람이 될 수 있으며 우리의 문제를 정확히 파악하고 객관적으로 평가해 줄 수 있는 사람들이면 된다. 물론 이들은 자신이 제시한 대안에 대해 누설하지 말아야 하고 정서적으로 성숙하고 안정적이며 좋은 청취자여야 한다. 또한 털어놓은 고민을 본래 의도와 반하게 사용하거나 추문 거리로 삼지 않는 윤리적인 의식이 투철한 사람이어야 한다. 전문 상담가를 필요로 하는 사람들도 있을 것이다. 부정적인 감정과 분노, 혹은 숨겨진 상처들을 자신의 힘으로 조절할 자신이 없는 사람들은 전문 상담가의 도움을 받아야만 한다. 또한 앞서 언급한 바와 같이 기도는 아주 중요한 방법 중의 하나이다. 위대한 상담가이신 하나님께 우리의 감정을 온전히 맡김으로써 어떤 때는 적절한 충고를 얻고 어떤 때는 가치를 따질 수 없는 놀라운 은혜를 받게 될 것이다(약 1:5).

e. 필요하다면 타협하라

우리가 화를 내는 상황을 살펴보면 내가 100% 옳거나 상대방이 100% 잘못한 경우는 거의 없다. 그 이유는 그 상황을 바라보는 시각이 각기 다르고 문제를 야기하는 요인이 다양하기 때문이다. 앞서 살펴본 분노를 다스리는 여러 단계들과 그중 특히 정면 대응과 같은 단계를 경험하게 되면 우리는 상대방의 관점에서 문제를 객관적으로 보려는 의식이 발전하게 되고 더 나아가 다른 사람의 감정을 이해하려고 노력하게 된다. 바로 이때 우리는 문제해결을 위한 타협의 필요성을 느낄 수 있게 된다. 타협의 능력은 정서적으로 혹은 영적으로 성숙한 사람이 갖춰야 할 절대적이고 필수적인 특성이다(행 15:1-29). 우리가 누군가에게 감정적으로 무시당하거나 짓밟히는 것을 원하지 않는다면 우리 또한 다른 사람에게 같은 잘못을 범해서는 안 된다. 누군가를 철저히 굴복시키거나 자신의 요구를 완전하게 관철시키려는 태도는 미성숙한 인간의 특징이다.

데이비드 옥스버거는 타협에 대하여 이렇게 정의했다.

> 타협은 건강한 인간관계를 위한 선물이다. 충돌과 갈등의 과정에서 이루어지는 모든 결정은 사려 깊고 신중한 타협과 합의를 통해 이루어져야만 한다. 그러나 동의는 서로 간에 부분적인 희생을 통해서…… 깊이 있는 목적과 관점을 찾아내기 위해…… 합의점을 찾아야 한다. '관심이 가는 것'과 '원하는 것'에 대한 명확한 메시지를 전하여 충돌과 배려를 통해 차이를 극복하고 타협하는 것은 매우 가치 있는 것이다.
>
> 이런 방법으로 이룬 관계는 최고의 상호 소통적인 관계를 성취했다고 할 수 있다. 배려란 내가 상대방을 존중하며 관계를 이어 나가길 원하는 것이며 또한 상

대방이 나의 입장을 이해하고, 무엇을 원하며, 무엇에 가치를 두고 무엇을 필요로 하는지…… 어떤 감정을 가지고 있는지를 상대가 알아주기를 원하는 것이다. 진정한 관계란 두 개의 팔로 이루어져 있다. 솔직하게 정면으로 대응하는 것과 사랑으로 이해하는 것이다. 또 다른 하나는 사랑으로 지지(확증)하는 것이다.

f. 적극적인 공감을 실천하라

공감이란 타인의 감정과 행동에 대한 통찰력 있는 인식 또는 깨달음이라 할 수 있다. "공감은 모카신(Moccasin, 북미 원주민이 신던 부드러운 가죽신:역자 주)을 신고 걷는 것"이란 말이 있다. 즉 그들의 눈으로 세상을 보고 느끼기를 시도하자는 것이다. 공감에는 보다 적극적인 노력이 필요하다는 점을 강조하기 위해서 나는 공감이란 단어를 '능동적 공감'이라고 표현하고자 한다. 우리 인간은 근시안적인 경향이 있다. 우리의 감정, 우리의 욕구 등 우리만의 세계에 집중하는 존재이다. 타인의 시각을 통하여 세상을 보려 하고, 타인과 동일한 관점을 가지려는 사람은 더욱 찾아보기 힘들어졌다.

평소에는 그렇다 하더라도 타인과의 충돌이 발생했을 때, 우리가 타인의 눈으로 상황을 보고 그들의 감정을 이해하려는 '능동적인 공감'을 시도한다면 우리의 편협한 시각을 교정하는 데에 매우 큰 도움이 될 것이다. 또한 상대방이 살아온 과거와 상처를 알고 이해한다면, 내가 어떻게 반응해야 하는지 더욱 자세히 떠오르게 될 것이다. 때로는 타인의 행동을 관찰하여 그 뒤에 숨은 진짜 이유를 찾아보는 것도 충돌을 해결하는 데 도움을 줄 수 있다. 상대방에 대한 연민과 자비는 많이 갖게 될수록 타인과 관계를 형성하는 데 문제의 본질을 이해하고 긍정적으로 해결할 수 있는 개방적인 관점을 갖게 해줄 것이다. 실제로 상대에 대한 공감을 많이 하면 할수록 분노를 촉발시키는 상황 자체도 훨씬 적어지는 것을 볼 수 있을 것이다. 예수님께서는 십자가에 못 박혀 죽음이 임박한 중에도 기도를 통하여 우리와 비교할 수 없는 엄청난 공감을 나타내 보이셨다.

"아버지 저들을 사하여 주옵소서 자기들이 하는 것을 알지 못함이니이다 하시더라"(눅 23:34)

g. 상처를 주는 사람을 위해 기도하라

스데반 집사는 자신의 신앙고백 때문에 유대인들에게 돌에 맞아 죽어가면서도 "주여 이 죄를 그들에게 돌리지 마옵소서"(행 7:60)라고 그들을 위해 기도했다. 또한 예수님은 "너희를 저주하는 자를 위하여 축복하며 너희를 모욕하는 자를 위하여 기도하라"(눅 6:28)라고 우리에게 말씀하신다.

상처를 주는 사람을 위한 기도가 쉽지 않은 것은 당연한 일이다. 그러나 누군가를 위해 계속 기도한다면 그를 처음과 같이 미워할 수는 없을 것이다. 자명한 것은 이러한 기도의 실천이 우리를 성숙하게 하는 매우 강력한 힘이 된다는 것이다. 기도의 힘은 앞서 언급했던 분노의 표출에 대한 한계를 정하거나 분노의 문제와 맞서는 우리의 노력을 결코 물거품이 되게 하지 않을 것이다.

h. 버려도 될 것을 선별하라

우리는 분노를 다스리는 데 있어 버려도 될 것들을 선별하는 방법을 반드시 배워야 한다. 이것은 상처와 분노를 야기하는 중요한 문제를 부인하거나 억압하고 통제하라는 뜻이 아니다. '감정적인 선별'이란 우리에게 상처를 주는 것에 대한 명확한 전수조사를 시도함으로써, 어떻게 대처할 것인가에 대한 단호한 결정 의지와 관련된 것이다. 그러기 위해선 포기하거나 잊을 수 있는 것들이 무엇인지 선별해야만 한다. 포기하기로 정했음에도 원망으로 남지 않고, 용서해도 무방하다고 결정함으로써 충분히 잊어버릴 수 있는 것들을 선별해야 한다는 것이다.

자신의 분노와 상처를 분석하고 그 대상에 대한 감정적 선별작업을 선행하는 것의 장점은 첫째, 분노의 대상이 실제로 분노 표출의 대상으로서 적합한 존재이냐는 점과 둘째, 그것에 관해 우리의 시간과 정서적인 에너지를 소모할 만한 가치가 있는 사안인가를 검토해 볼 수 있다는 점이다. 이러한 선별작업은 나뿐만 아니라 상대방에게도 문제를 해결할 수 있는 최고의 해결책이 될 수 있다.

분노 감정의 선별에 대하여 언급한 오스 기니스(Os Guinness, 작가, 문화평론가:역자 주)는 이렇게 말했다.

"누군가가 어떤 선한 일을 행했을 때 이것을 알리기 위해 정해진 사람은 아무도 없다. 이것은 누구나 하나님께 고백할 수 있는 것이다. 그러나 누군가가 나에게 악행을 저질렀다면 그것을 하나님께 고발할 수 있는 사람은 오직 나 자신뿐임을 깨닫는 것이 정말로 중요하다."

예를 들어 누군가가 주차된 내 차를 심하게 긁었거나 옆구리를 박아서 움푹 들어가게 했다면 그것을 용서할 것인지 말 것인지의 선택은 나에게 달려 있다. 물론 차가 긁힌 것은 화가 날 만한 일이지만 또 달리 생각하면 차란 그저 이동 수단이며 편의 시설에 지나지 않기 때문에 그렇게 화를 낼 만한 일이 아니라고 생각할 수도 있다. 물론, 차를 망가뜨린 사람을 찾아가는 것을 포기하겠다는 뜻이 결코 아니다. 즉, 분노가 유발될 수 있는 이 문제에 대하여 내가 어떻게 할 것인가에 대한 선택이 필요하다는 것이다. 의미 없는 분쟁을 넘어갈 수 있는 능력이 높아질수록 갈등의 문제를 해결하는 능력도 높아진다는 것을 기억해야 한다.

어느 늦은 밤, 주차를 하다가 차의 한쪽 불이 들어오지 않는 것을 발견했다. 차에서 내려 확인해 보니 한쪽 전조등이 깨져 있었다. 내 앞에 주차한 차가 후진 중에 부딪히면서 전조등을 깨뜨렸던 것이다. 그 늦은 밤, 앞에 주차했던 차의 차주를 찾아가서 왈가왈부하는 것에 번거로움을 느꼈던 나는 깨끗이 잊어버리기로 하고 집으로 갔다. 그리고 다음 날 가까운 차량부품 판매점에 들러서 새것으로 갈아 끼웠다.

내가 빠르게 용서하고 잊어버리는 것을 선택했던 이유는 전조등을 깨뜨린 사람을 찾아내어 그 사람과 차 문제로 왈가왈부하고, 시시비비를 따지는 것으로 말미암아 내가 지불해야 할 시간과 심적, 육체적 에너지가 더 크다고 판단했기 때문이다. 몇 년 전에 큰 백화점에서 변기 시트를 구매한 적이 있었다. 설명서에는 절대로 파손되지 않는다는 보증서가 첨부되어 있었다. 그러나 그 시트는 사용하기도 전에 이미 파손된 상태였다. 나는 변기 시트를 교환하기 위해 몇 번이나 백화점을 방문했지만 보상 문제로 직원들과 다투기만 했지 별다른 진전이 없었다. 결국 나는 이 문제로 서로 싸우는 것이 더 이상 가치가 없다고 판단하여 시트 교환을 포기하고 다 잊어버리기로 했다.

나는 오랫동안 국립병원에서 일하며 그곳에서 보고 싶지 않은 부당한 일들을 많이 목격했다. 물론 내가 마땅히 개입하고 입장을 표명해야 하는 문제들도 있었지만, 어떤 부분은 아무리 부당하고 불공평하더라도 내가 참여하거나 개입할 만한 가치가 없다고 판단되는 문제들이었다. 이처럼 우리는 살면서 자의든 타의든 분노를 유발시키는 문제들에 대하여 어떤 입장을 취할 것인지 결정해야만 하는 상황에 내몰리게 된다. 그 당시 나는 어느 쪽도 일방적으로 지지하지 않았고, 냉소적이거나 적대적인 관점으로 문제를 바라보지도 않았다. 이 점에 대해서는 제12장에서 본격적으로 다룰 예정이다.

캐롤 타브리스는 그의 저서 『분노, 그 오인된 감정(Anger, The Misunderstood Emotion: 역자 주)』에서 분노의 특징을 이렇게 설명하고 있다.

"삶에는 수많은 투쟁의 장이 존재하지만…… 인간을 수치스럽게 만들고 무차별적으로 모욕하는 암울한 현실 속에서 가장 효과적인 치료법은 분노와 정면으로 맞서는 것이다. 한편, 일상에서 일어나는 소소한 모욕이나 수모를 해결하는 가장 좋은 방법은 그저 찰리 채플린의 영화 한 편을 감상하는 것이다. 그러나 정말로 어려운 문제는 이 두 가지 차이를 제대로 이해하는 것이다."

우리는 때때로 세상의 부조리와 맞서야 한다. 이 세상은 온갖 부정과 우리를 분노하게 하는 것들로 가득 차 있다. 예수님도 때로는 바리새인들의 불의와 맹렬히 싸우시기도 하고, 때로는 그들과 함께 아무 일이 없는 듯 평화로이 지내시기도 했다. 예수님께서 지상 사역에서 자신이 반드시 해야 할 일을 분명하게 정하셨는데 그중의 하나가 노예 문제였다. 그러나 예수님은 그 문제와 정면으로 맞서지는 않으셨다. 예수님이 지상 사역을 하시는 동안 이스라엘은 로마의 식민지가 되어 있었다. 그러나 예수님은 로마의 식민통치에 저항하는 입장을 표명하거나 정면 대응하려고 시도하지는 않으셨다. 우리는 아래 말씀을 통해 예수님께서 분노 문제를 어떻게 지혜롭게 다루셨는지 알 수 있다.

> "노하기를 더디 하는 것이 사람의 슬기요 허물을 용서하는 것이 자기의 영광이니라"(잠 19:11)

> "욕을 당하시되 맞대어 욕하지 아니하시고 고난을 당하시되 위협하지 아니하시고 오직 공의로 심판하시는 이에게 부탁하시며"(벧전 2:23)

예수님도 하나님께서 친히 불의한 모든 것들을 심판할 때가 온다는 것을 잘 알고 계시기 때문에 때로는 부당한 현실을 있는 그대로 받아들이는 모습을 우리에게 보이셨다. 예수님은 하나님의 손에 그 문제들의 결론을 맡겨 두셨다.

7단계. 용서와 잊기

분노 대처의 가장 중요한 마지막 단계는 상대를 용서하고 잘못을 잊어버리는 것이다. 마태복음 6장 15절에 "너희가 사람의 잘못을 용서하지 아니하면(그들의 분별없고 의도적인 죄에 대하여 분노를 포기하고 상처를 잊어버리며 완전히 청산하는 것) 너희 아버지께서도 너희 잘못을 용서하지 아니하시리라"라고 말씀하고 있다.

우리는 진정한 용서에 대하여 오해하는 경향이 있다. 누군가를 용서하고자 할 때 마음속으로 그는 결코 잘못한 것이 없다거나, 처음부터 그런 악행을 저지를 의도가 없었다거나, 우리가 너무 과민반응을 보인다는 생각으로 스스로를 잘못 설득하려고 한다. 이것은 진정한 용서가 아니다. 우리가 누군가를 용서하려고 할 때는 부인할 수 없을 만큼 명백한 잘못이라 할지라도 그것을 인정한 후 용서를 해야 한다. 그래야만 비로소 우리가 얼마나 큰 상처를 받았는지와는 관계없이 그것을 완전히 잊어버릴 수 있게 된다.

진정한 용서란 '상대방이 얼마나 큰 상처를 나에게 주었는가'와는 관계없이 우리의 원망을 포기하는 적극적인 자세를 의미한다. 이것은 "그래, 너는 나에게 상처를 준 적이 없어" 혹은 "나에게 그렇게 큰 상처가 된 것은 아니었어!"라고 말하라는 의미가 아니다. 실제로 어떤 것은 너무나도 힘든 상처가 되고 또 어떤 것은 절대로 지워지지 않는다. 하지만 이런 상처와 분노를 있는 그대로 인정한 후에 그럼에도 불구하고 그것을 사랑으로 용서해야만 한다.

　용서란 잘못된 행위들로 인해 누군가가 고통받을 필요가 없다는 것이 아니다. 용서란 악행을 행한 누군가를 용서하지만 그것이 끝이 아니라 그가 그러한 악행이나 악습에서 벗어나서 정의로운 존재가 되게 하는 것이다. 예를 들어, 만취 운전자로 인해 아이가 위험에 빠졌다면 그에 대항하는 일련의 적법한 행동을 취해야 한다. 이것은 자신의 가족의 안전과 그리고 더 나아가서 운전자의 안전과 사회의 안전을 위해 필수적인 행위인 것이다.

　잘못을 저지른 아이를 데리고 집으로 오는 도중 아이의 행동 때문에 화가 났다는 사실을 아이가 인지할 수 있도록 이야기를 나누어 보라! 아마도 아이는 순순히 자신의 잘못을 인정하고 당신에게 용서를 구할지도 모른다. 게다가 그 사과에 진정성이 있다면 당신은 마땅히 아이를 용서해 주어야 할 책임이 있다. 이 권위는 단순히 자녀의 훈육에만 해당되는 것이 아니다. 용서하기 위해서는 문제에 대하여 깊이 있게 대화를 나누고 감정적인 공감을 나누는 기회가 반드시 있어야 한다.

　우리가 기억해야 할 점은 '용서와 잊기'가 이미 앞서 언급했던 분노와 정면으로 맞서기 위한 수많은 단계를 성공적으로 거친 후에야 도달할 수 있는 결과라는 것이다. 여러 단계를 거친 후에도 상대방을 용서하지 못하고 그의 악행을 잊어버리지 못한다면, 그것은 우리의 미래에도 심각한 파급 효과를 가져올 것이다. 대부분의 사람들은 분노 유발자에게 복수와 보복을 하면 그가 고통받고 괴로워할 것이라는 왜곡된 의식을 갖고 있다. 그러나 이것은 진실과는 정반대이다. 우리가 분노 유발자를 원망하게 되더라도 정작 분노를 유발시킨 자는 그 사실조차 인지하지 못하고 살아간다. 그리고 설령 그가 그 사실을 알게 된다 하더라도 그다지 신경쓰지 않을 것이다. 그러므로 그로 인해 상처를 받는 사람은 오직 자기 자신일 뿐이다. 상대에 대한 용서를 거부하고 원망하는 것은 자신의 감정적인 상처를 핥고 있는 것과 같다. 그것이 때로는 스스로에게 위안이 될 수도 있겠지만, 자신이 가진 원망의 무게 때문에 엄청난 내면의 고통이 될 수 있다는 것을 잊지 말아야 한다.

내면에 타인에 대한 분노를 가득 채우거나 원망을 움켜쥐고 사는 것은 자기 스스로 독을 마시고 다른 사람이 그 독으로 말미암아 죽기를 바라는 바보 같은 행위이다. 마치 낚시꾼에게 잡혀 몸부림치는 상어가 아무거나 닥치는 대로 물어뜯으려는 것과 같다고 경고하고 싶다. 실제로 배 위에 끌어올려진 상어가 흥분하여 요동치면서 자신의 꼬리를 물어뜯기도 하듯이 우리가 분노와 상처를 해소하지 않고 움켜쥐고 있으면 나 자신을 해치는 위험에 빠질 수 있다.

설령 분노와 상처가 겉으로 드러나지 않고 의식 속, 혹은 무의식 안에만 타오르고 있다 하더라도 분노가 내재하는 결과로 말미암아 우리에게 끝없는 대가를 요구하게 될 것이다. 그 누구도 자신의 내재된 분노의 감정 때문에 비난당해야 하는 사람은 없다. 우리 자신만이 우리의 감정을 조절하고 관리하는 존재이며 그 결과에 대하여 책임을 져야만 한다. 제12장에서 이것에 관해 좀 더 많은 논의를 해보도록 하자.

추가적 권면

분노를 건설적으로 다스리는 방법은 단순히 파괴적으로 표출하는 방법보다 훨씬 더 길고 복잡한 과정을 필요로 한다. 그만큼 더 많은 시간과 노력, 그리고 숙련도까지 필요로 하는 어려운 일이다. 그러나 이 방법을 한번 배우고 나면 점차 시간과 에너지의 소모를 줄여 나갈 수 있을 것이다.

우리가 운전을 배우거나 외국어를 배울 때를 생각해 보자. 처음에는 매우 힘들기 때문에 많은 실수와 시행착오를 겪어야 하지만 결국은 아무런 불편 없이 이용할 수 있게 되어 '후천적인 능력'으로 자리 잡게 되고 분노를 다스리는 방법 또한 이와 같다.

우리는 지금까지 설명했던 여러 단계의 분노를 다스리는 방법들을 자신에게 익숙해질 때까지 반복적으로 훈련해야 한다. **특히 강조하고 싶은 부분은 주어진 상황에 어떻게 이 기술과 방법을 적절하게 적용할 수 있는가와 어떤 표현방식이 가장 적합한 것인가를 숙고하고 선택하는 능력이다.** 왜냐하면 분노를 다스리는 것에 익숙하지 않고 잘 숙련되지 않으면 오히려 그로 인해 심한 난관에 봉착하게 될지도 모르기 때문이다. 게다가 정말로 필요할 때 대처능력을 발휘하지 못한다면 이것 또한 말할 수 없이 심각한 결함이 아닐 수 없다.

도저히 참을 수 없는 격한 분노가 우리의 이성을 마구 무너뜨릴 때, 자신의 감정을 건강하고 건설적으로 다스릴 수 있는 여러 방법과 기술들을 구약과 신약, 각각의 구절의 인용을 통해 다음과 같이 요약해 보고자 한다.

첫째, 구약

"너는 네 형제를 마음으로 미워하지 말며 네 이웃을 반드시 견책하라 그러면 네가 그에 대하여 죄를 담당하지 아니하리라 원수를 갚지 말며 동포를 원망하지 말며 네 이웃 사랑하기를 네 자신과 같이 사랑하라 나는 여호와이니라" (레 19:17-18)

둘째, 신약

"그런즉 거짓을 버리고 각각 그 이웃과 더불어 참된 것을 말하라 이는 우리가 서로 지체가 됨이라 분을 내어도 죄를 짓지 말며 해가 지도록 분을 품지 말고 마귀에게 틈을 주지 말라, 서로 친절하게 하며 불쌍히 여기며 서로 용서하기를 하나님이 그리스도 안에서 너희를 용서하심과 같이 하라" (엡 4:25-27, 32)

09
OVERCOMING
HURTS & ANGER

실천하기

 앞서 제1장에서 예로 들었던 잰을 기억하는가. 그녀는 분노라는 감정에 점점 무뎌져 결국 18층 높이의 다리에서 뛰어내리고 싶은 충동에 시달렸었다. 그렇다면 지금까지 제시된 분노를 다스리는 방법을 잰과 같은 사람에게 어떻게 적용할 수 있을까?

 여기서 우리가 먼저 풀어야 할 과제는 그녀처럼 분노의 감정이 메말라 버린 사람에게 '그 불꽃을 어떻게 살릴 수 있도록 할 것인가' 이다. 시들어가는 감정의 불씨를 되살려 낼 수 있는 바람이 필요하다는 뜻이다. 이어서 되살아난 불씨가 그녀 자신을 태우지 않도록 어떻게 효과적으로 관리해야 할 수 있는가 또한 우리가 다음으로 풀어야 할 과제이다.

분노의 감정이 메말라 버린 사람

　잰처럼 분노의 감정조차 메말라 버린 무감각한 사람들은 매우 미약하고 불안정한 상태라고 할 수 있다. 더욱이 이들에게 희미해진 분노와 상처를 스스로 다시 파악하기란 쉽지 않은 일이다. 따라서 가장 우선적으로 이들이 분노와 상처의 감정을 다시 찾아낼 수 있도록 적절한 도움을 주는 것이 필요하다. 물론 이들은 설명할 수 없는 분노, 짜증, 격분, 상처의 감정을 자신들도 모르게 느끼고 있을 수도 있다. 그러나 지금까지 이 책에서 제시된 방법을 분노와 감정에 바로 적용하기에는 오히려 부작용을 일으킬 위험이 있다. 그래서 우리는 먼저 이들이 자신에게 도대체 무슨 일이 일어나고 있는지를 깨닫고 뒤돌아볼 수 있도록 하는 것이 중요한 일이라 하겠다.

　나는 잰과 같은 사람들을 상담할 때 한 주 동안 자신에게 부정적인 감정을 줄 수 있는 다섯 가지 목록을 예상하여 적어오도록 요구한다. 그리고 때로는 메모할 수 있는 작은 카드를 나눠주고 주중에 있었던 부정적인 일이나 긍정적인 일을 기록하도록 한다. 그런 후 목록과 카드를 바탕으로 그때의 감정을 이야기하는 시간을 갖는다. 자신의 분노와 짜증의 원인이 어디에 있는지를 발견할 때까지 이 과정을 몇 주간에 걸쳐 반복한다.

이 과정이 조금 익숙해지면 나는 분노의 상황을 1에서 10단계의 등급으로 나누고 그러한 등급을 받게 된 원인이 무엇인지를 스스로 설명하도록 권유한다. 1단계는 가장 약한 손상을 의미하며, 10단계는 최고치의 상처를 의미한다.

사실 이 작업은 시간과 노력이 필요한 매우 어려운 작업이긴 하지만 감정이 메말라 미약해진 사람들에게는 매우 효과적인 방법이다. 분노에 지쳐 감정이 메마른 사람들은 부정적인 감정뿐만 아니라 행복, 즐거움, 평안과 같은 긍정적인 감정 또한 느끼지 못하기 때문에 매우 안타까운 상태라 하겠다.

분노의 감정에 짓눌린 사람

처음에는 자신의 내면에 분노의 감정이 있다는 사실을 한사코 인정하지 않던 여성이 있었다. 그러나 몇 주간의 상담 과정을 통해 그녀는 자신도 놀랄 만큼 어마어마한 분노가 내면에 쌓여 있다는 것을 알게 되었다. 너무나 많은 분노와 상처가 내면을 짓눌러 마치 아무

것도 없는 것 같은 착각 속에 살아왔던 것이다. 내가 그녀에게 처음 한 일은 그녀가 자신의 내면을 끈기 있게 살펴볼 수 있도록 하고, 그녀가 마침내 자신의 문제가 무엇인지 찾아냈을 때 긍정적인 말과 칭찬을 해주는 것이었다. 그리고 그녀를 가장 화나게 하는 상처가 무엇인지 구분할 수 있게 계속해서 격려해 주었고, 이미 앞서 언급했던 여러 가지 방법을 적용해 보도록 권유했다. 물론 그녀가 원한다면 여러 가지 방법을 다 적용해 볼 수도 있겠지만, 그녀에게 버거운 방법이라면 자신에게 맞는 방법을 선택하여 적용하게끔 했다. 그리고 몇 주간에 걸쳐 이런 과정을 반복했다.

겨우 한 달이 지났을 때쯤 그녀는 자신의 변화된 모습에 놀라지 않을 수 없었다. 먼저 그녀의 자살 충동이 깨끗하게 사라졌고, 자신의 자존감이 하늘에 닿을 만큼 충만해져 있음을 느낄 수 있었다. 또한 그동안 자신을 괴롭히던 분노와 짜증이 점차적으로 줄어들면서 자연스럽게 주변 사람들과의 관계도 주목할 만큼 개선되었다.

맞지 않은 남녀

한쪽은 분노와 갈등에 대처하는 능력이 탁월하고, 다른 한쪽은 그렇지 않은 남녀의 문제는 어떻게 해결해야 할까? 우선 전자의 경우는 매우 합리적이고 상대방을 잘 설득할 수 있는 능력을 가졌고, 결단력이 뛰어난 사람이라고 할 수 있다. 그러나 이런 사람들은 의도치 않게 '공격자'의 역할을 할 가능성이 높다. 후자의 경우는 자기의 감정을 표현하는 것에 불편함을 느끼며 서로 간에 갈등이 발생했을 때 미약한 저항을 시도하지만 곧 압도당하고 만다. 상담을 원하는 커플들은 대개 이러한 경우로 찾아오게 되는데 나는 그들 각자에게 상황을 개선할 수 있는 효과적인 방법을 권면한다. 특히 전자에게 더욱 권면하는 것은 상대방에 대한 배려이다. 이것은 마치 중량급 권투선수가 경량급 초보 권투선수와 어떻게 싸워야 하는지 생각해 보도록 하는 것과 같다고 설명한다. 중량급 권투선수가 의도적으로 자신을 절제하고 상대를 배려하지 않는다면 공평한 경기를 치를 수 없는 것과 마찬가지인 것이다.

이처럼 두 사람 중 더 숙달된 감정조절 능력을 가진 사람은 자신의 과다한 공격성을 최대한 줄이고 서로 간의 갈등의 문제에 집중해야 한다. 또한 상대적으로 갈등과 분노에 약한 상대방의 감정을 현미경으로 들여다보는 것처럼 최대한 관심을 기울여 예민하게 살펴야 한다. 만약 두 사람 중 더 강하고 공격적인 한쪽이 자신의 능력을 사용하여 전투에서 일방적으로 승리한다 할지라도 정작 두 사람 모두의 감정이 엄청나게 상하게 될 것이다. 감정 조절에서 강자가 약자에게 양보하게 되면 약자는 감정적인 공감을 느끼게 되고, 자신의 감정에 압도당하지 않으면서 자유로이 표현할 수 있게 될 것이다.

이렇게 된다면 두 사람의 관계는 보다 더 건강하게 지속될 것이다.

나는 누구도 상처 주고 싶지 않아요

예민한 성격의 목회자를 남편으로 둔 콜린은 앞서 논의했던 분노를 다스리는 원리에 대해 배우고 있다. 그녀는 오랫동안 내면에 쌓여 있던 분노를 건강하게 해결하기 위해 애써왔다. 지난 주에도 자신을 무시하는 교구민들과 친척들을 상대로 배운 것을 시도하고자 나름대로 만반의 준비를 하고 집을 나섰다. 그러나 '누구에게도 상처를 주고 싶지 않다'는 생각 때문에 마음이 약해져 또 다시 실패하고 말았다. 결국 자신의 갈등과 상처의 문제를 정면으로 맞서거나 공유하지 못하고 만 것이다.

위의 사례는 많은 사람들이 실제로 자주 겪게 되는 문제이다. 이런 문제가 발생하는 이유는 대체적으로 어릴 적에 받았던 보수적이고 엄격했던 가정 교육의 영향이 크다. 어린 시절 받았던 억압 때문에 갈등의 당사자와 정면으로 맞서는 것에 일종의 두려움을 느끼게 되면서 다른 사람의 감정을 상하게 하진 않을까, 다치게 하진 않을까 하는 걱정을 먼저 하게 된다. 그러나 예로 든 콜린과 같은 사람들과 상담을 해 보면 '나는 이 문제가 이렇게 고민이 되고 힘든데 다른 사람들은 전혀 신경쓰지 않는다'고 말을 한다. 작게나마 감정을 표현하면서도 그것이 너무 강하고 혹독해서 자신조차 받아들이기 힘들어하지만 정작 상대방은 그렇지 않아 보인다는 것이다. 콜린은 자신이 맞서야 할 사람들이 자신의 생각보다 냉담한 사람들일 수도 있기 때문에 지금보다 훨씬 더 담대한 마음으로 그들을 만날 필요가 있다. 상대방이 더 강한 정신의 소유자일 경우 맞서는 사람은 그만큼 심한 좌절감을 느낄 수 있다. 게다가 당당히 말한다 해도 그동안 소극적이었던 그녀의 말에 아무도 귀를 기울이지 않을 수도 있다. 하지만 계속해서 그들과 맞서길 시도하고 더 강한 의지를 그들에게 보여야 하는 것이다.

내가 다 망쳐버렸어

슈는 이웃집 여자 때문에 스트레스를 받고 있었다. 이웃집 여자는 항상 당연하다는 듯이 자신의 아이를 슈에게 자주 맡기곤 했다. 그녀는 슈가 언제나 자신의 아이를 돌봐 줄 수 있는 여유가 있다고 생각했다. 슈는 이 문제를 해결하기 위해 이웃집 여자와 정면 대응하기로 강하게 마음먹었다. 이 문제를 어떻게 건설적으로 해결할지 마음속으로 반복해서 연습까지 했다. 하지만 슈는 이웃집 여자가 아이를 맡기러 왔을 때 연습했던 말들은 전혀 할 수가 없었다. 그날도 이웃집 여자는 돌보기 힘든 두 살짜리 아기를 맡기면서 "갑자기 급한 일이 생겨서요. 두세 시간 후에 데리러 올게요. 그때까지만 좀 돌봐 주었으면 좋겠어요"라는 말만 남기고 가려고 했다. 그동안 참았던 분노가 한꺼번에 터져버린 슈는 "당신은 항상 이런 식이죠? 이런 태도가 얼마나 사람을 열 받게 하는지 몰라요? 당신 때문에 내가 얼마나 짜증나는지 아세요?"라고 격하게 소리를 지르고 말았다.

결국 그녀는 감당할 수 없는 침체된 기분으로 나를 찾아왔다. 그녀는 이웃집 여자에게 그렇게 심하게 공격한 것에 대하여 심한 죄책감을 느끼고 있었다. 그러면서도 그런 상황이 또 다시 닥치면 예전처럼 불같이 화를 낼 것 같다고 말했다. 반복되는 분노의 폭발은 자신이 공격적이고 적대적인 사람이 되어 버리는 것이 아닌가 하는 두려움을 갖게 만들었다.

나는 우선적으로 그녀가 자신의 좌절감을 극복하고 분노와 정면으로 맞서는 원리를 이해할 수 있도록 설명해 주었다. 또한 이웃집 여자와 공유할 수 있는 분노의 문제 한 가지만 선택하여 자신의 상황에 맞는 방법을 적용하도록 권면했다. 그녀는 처음에 내가 제시한 원리를 완벽하게 적용하지 못했지만 시도하는 그 자체가 하나의 진전 과정이 되고 있었다.

그림 8을 보면 시계추가 중심에 놓여있는 것을 볼 수 있다. 시계추가 오른쪽으로 치우치면 '수동적인 소통', 시계추가 왼쪽으로 치

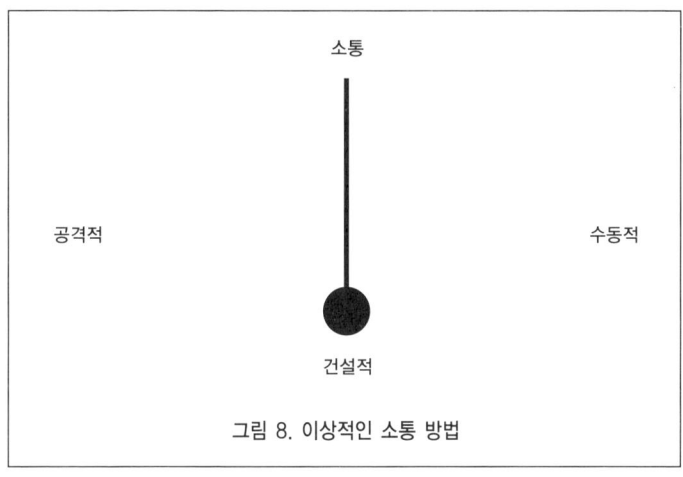

그림 8. 이상적인 소통 방법

우치면 '공격적인 소통', 그리고 중앙에 자리 잡으면 '건설적인 소통'이다. 가장 이상적인 상태는 그림 8과 같이 '수동적'과 '공격적' 사이에 시계추가 놓인 상태이다. 이것은 갈등에 대처하는 가장 좋은 상태이며 슈가 이웃과의 갈등을 해결하기 위해 반드시 갖춰야 하는 이상적인 형태라 할 수 있다.

갈등을 해소하는 가장 좋은 방법은 자신의 합당한 요구를 건설적으로 소통하는 것이다. 이것은 공격적이지도, 수동적이지도 않도록 진솔하게 다가가야 이루어질 수 있다. 그렇게 되면 자신의 감정을 표현할 때 상대방의 오해를 사지 않고 자신의 입장을 분명하게 표명할 수 있다.

어떤 작가는 이러한 형태의 소통(그림 8)을 역동적인 대인관계의 기술이며 사회적인 관계를 맺는 숙련도의 지표, 또는 복잡한 형태의 관계를 성숙하게 대응하는 학습된 능력이라고 언급했다. 이러한 기술이 없을수록 학대당할 가능성이 크고 감정 표현에 실패하며 자신의 욕구를 채우지 못해 빈번하게 좌절감을 느끼게 된다. 그 결과는 당연히 좌절과 분노로 이어진다.

대다수의 개인은 자신의 감정을 표현할 때 의도적으로 자신을 수동적인 존재로 가두어 버리는 경향이 있다. 대개 이런 사람들은 자유로운 감정 표현을 포기할 수밖에 없었던 부모 세대와 함께 유년기를 보냈으며 익숙하지 않은 감정 표현을 주장하다 너무나 많은 상처를 받은 경험이 있다. 결국 자연스럽게 자신의 감정을 건설적으로 표현하는 데 실패하고 만다.

인도의 한 바자회에서 어떤 상인이 몇 마리의 얼룩덜룩한 갈색 메추라기를 판매하고 있었다. 그 메추라기들은 한쪽 다리가 끈에 묶인 채 연결된 기둥을 하릴없이 맴돌고 있었다. 그런데 모든 생명은 존엄하다고 여기는 한 힌두교 사람이 그 상인에게 다가가 팔고 있던 메추라기를 모두 사서 즉시 다리에 묶인 끈을 풀고 메추라기를 놓아주었다. 그러나 놀랍게도 끈에서 풀려난 메추라기들은 멀리 날아가지 않고 마치 여전히 다리가 묶인 것처럼 기둥 주위를 계속 맴돌았다. 새들을 날려 보내려고 손을 휘휘 저어 멀리 내쫓아 보았지만 메추라기들은 땅에 내려앉을 때마다 계속해서 기둥 쪽으로 내려앉았다. 메추라기들은 몸이 자유로워졌음에도 불구하고 기둥에 묶인 상태를 쉽게 벗어나지 못하고 있었다. 이 이야기는 분노의 엄청난 무게에 짓눌려 살아온 사람들의 내면의 속박을 비유적으로 잘 보여 주고 있다.

한 연구자가 사방이 막힌 우리에 개들을 가두고 지속해서 전기 충격을 가했다. 개들은 전기 충격이 올 때마다 큰소리로 왕왕거리며 울어댔고 우리 바깥으로 탈출하려고 안간힘을 썼다. 그런데 시간이 지나자 개들은 탈출을 포기하고 바닥에 엎드려 전기 충격이 올 때마다 약하게 비명을 지르고 있었다. 연구자는 이제 개들이 나갈 수 있도록 우리 한쪽을 제거한 후 전기 충격을 가해 보았다. 결과는 놀라웠다. 개들은 전기 충격에도 우리 바깥으로 나가지 않고 여전히 울타리 안의 바닥에 누운 채 약하게 비명만 질러댈 뿐이었다.

심리학에서는 이러한 현상을 '학습된 무기력함'이라고 부른다. 나는 안타깝게도 이러한 현상을 환자들에게서 자주 목격한다. 이들은 유년기에 지속해서 억압을 당한 것으로 간주된다. 어떤 환자들은 일반적인 상식 이상으로 심한 착취나 유린을 당하기도 했다. 그러한 과정을 통하여 그들은 자신의 감정을 위해 아무것도 할 수 없다고 스스로 학습하게 되고 부정적인 현실을 탈출하기 위하여 아무런 노력도 하지 않게 된다. 그렇게 수십 년이 흐르면 그들은 부정적 자아의 학습 결과를 체념적으로 받아들이고 만다. 자신은 무기력하다고 말이다. 그로 인해 자신의 진정한 욕구와 필요, 감정을 표현하는 것에 어려움을 느끼고 포기해 버리면서 소통이라는 과정을 통해 자신들의 삶이 달라질 수 있다고 생각조차 하지 못하게 된다. 그들에게 이것은 거의 불가능한 일이 되어 버리고 마는 것이다.

그렇다면 이웃집 여자의 돌보미로 시달리고 있는 슈의 경우를 다시 한 번 살펴보자. 그녀는 어렸을 적에 부모님이 이혼하고 어머니와 함께 살게 되었다. 그녀의 어머니는 매일 술을 마시며 슈에게 갖은 짜증을 부려댔다. 알코올 중독에 빠진 어머니는 슈가 커갈수록 자기 말을 잘 듣지 않고 자신의 뜻을 잘 따르지 않는다며 미친 듯이 악을 쓰고 고래고래 소리를 질렀다. 그 이후로 그녀는 자신에게 닥치는 갈등과 문제들에 대하여 점점 더 소극적으로 변하기 시작했다. 발이 묶인 메추라기와 실험용 개처럼 문제를 벗어나려 하지 않았다. 유년기의 학대를 피할 수 없었던 그녀는 성인이 되어서도 무례한 이웃에게 감정적인 유린을 당하면서 살아가고 있다. 그녀의 수동적인 상황은 그림 9에서 잘 보여 주고 있다.

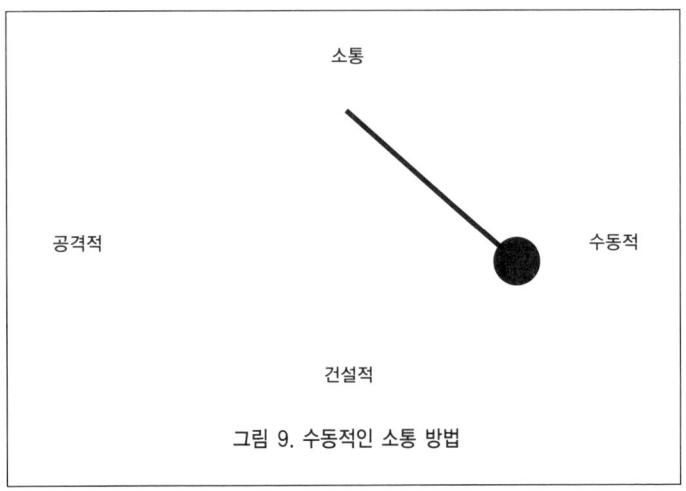

그림 9. 수동적인 소통 방법

그녀가 이웃집 여자와 마침내 정면으로 소통하겠다고 용기 냈을 때 그녀는 자신도 모르게 먼저 화부터 터져 나왔다. 그녀는 그때 자신이 '과잉 반응'을 보였다는 것을 인정하고 있었다. 실제로 그녀가 했던 "이게 다 당신 때문이야!"라는 말은 조금 지나친 표현이었다. 그림 10을 보면 수동적인 모습에서 건설적인 모습을 지나 공격적인 모습으로 나아가는 추를 확인할 수 있다. 이것은 수동적인 모습에서 건설적으로 이동할 때 그림의 시계추처럼 과장된 모습이 나타날 수도 있다는 것을 보여 준다. 물론 슈가 배워야 할 올바른 태도는 수동적이거나 혹은 공격적인 표출이 아닌 건설적인 방향으로 나아가는 것이다. 나는 그녀에게 그와 같은 방향을 유지할 수 있도록 계속해서 격려하고 권면했다. 수동적인 상태에서 건설적인 상태로 나가는 과정은 약간의 과잉된 행동이 나타날 수밖에 없겠지만 이러한 과정

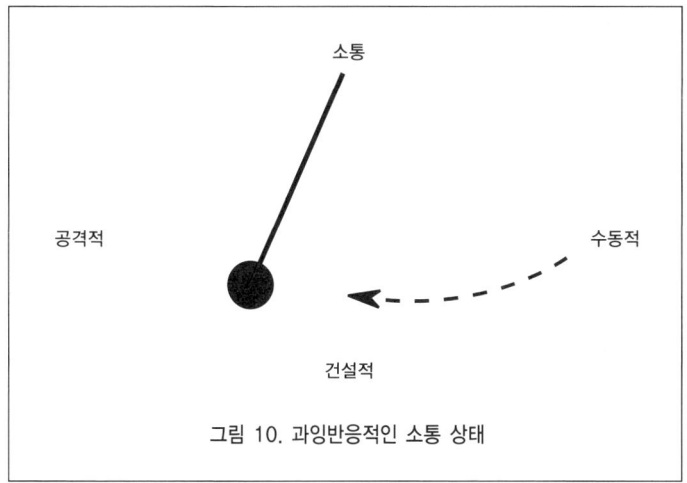

그림 10. 과잉반응적인 소통 상태

을 통해 긍정적인 변화의 단계에 들어서고 있다는 점이 중요하다. 약간의 공격적인 방향으로 감정의 시계추가 흔들릴 때 자신의 감정을 어떻게 유지하고 대처할 것인가 또한 건설적인 소통을 배우는 필수적인 과정이라 하겠다.

    슈와 같은 경우의 사람들은 그림 10처럼 시계추가 왼쪽으로 조금이라도 치우치면 쉽게 자신의 공격적이었던 행동을 후회하며 자신이 잘못했다고 느끼게 된다. 그러나 시계추가 관성의 법칙에 의해 약간 공격적인 방향으로 넘어갔을 뿐 실제로는 여전히 소통에 소극적이기 때문에 꾸준히 방향을 유지할 수 있도록 도와주어야 한다.(그림 11. 소극적인 소통 상태)

    다시 그림 8로 돌아가 보자. 우리가 가장 이상적으로 여기는 갈등의 대처 방법은 역시 시계추가 중앙에 위치하는 것이다. 예수님은

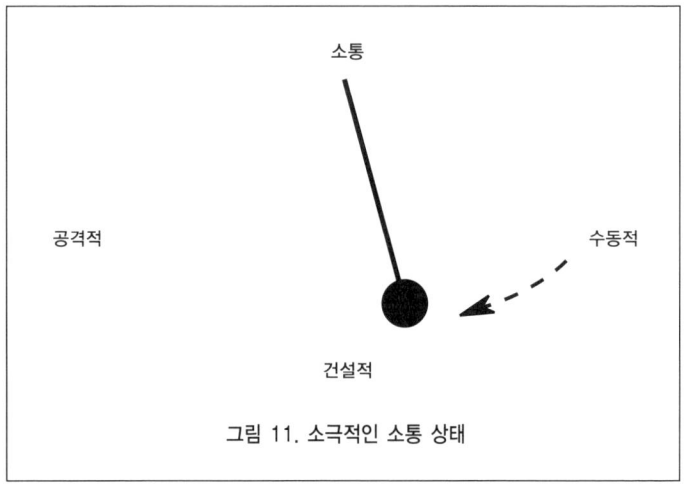

그림 11. 소극적인 소통 상태

언제나 이러한 건설적인 감정의 상태를 늘 유지하고 계셨다. 우리도 감정이라는 시계추가 좌우로 조금씩 움직일 수는 있지만 예수님을 닮아가도록 무게 중심이 언제나 중앙에 있게 하는 것이 이상적인 모습이라 하겠다. 슈의 최종 목표 역시 감정의 시계추가 중앙에 놓이도록 하는 것이다. 그녀도 목표를 위해 지속적으로 노력하여 자기 감정을 조절하는 능력이 강해지면서 자연스럽게 만족감을 느꼈다.

또 무시당하면 어쩌지?

대부분의 사람들은 다른 사람에게 자신의 감정을 표현하거나 정면으로 문제를 해결하려고 할 때 상대방이 자신을 비웃거나 무시하지 않을까 하는 두려움을 가지고 있다. 혹시 그런 일이 실제로 발생한다면 우리는 어떻게 해야 할까? 결론부터 말하자면 상대방이 나의 말을 무시했을 때의 내 기분을 또 다시 표현하라고 제안하고 싶다. 즉, 무시당한 기분과 내 감정 상태를 상대방이 '수납' 할 때까지 몇 번이라도 말을 전달해야 한다는 것이다.

여기서 우리가 알아야 할 것은 전달 방식의 중요성이다. 대개 일반적으로 공격적인 성향의 사람들은 자신보다 예민한 감정의 소유자를 이해하려고 하지 않는다. 그들은 전달받은 상대방의 감정을 모두 상대방이 예민하기 때문이며 자신의 잘못이 아니라고 생각해 버린다. 이러한 공격적 성향의 사람에게 "이게 다 당신 탓이야!"라는 비난이 담긴 메시지를 다짜고짜 전달한다면 어떤 결과로 나타나게 될지 생각해 보자.

만약 당신의 배우자에게 "당신이 회사 동료라는 사람한테 정신이 다 팔려서 내가 화가 나서 살 수가 없어!"라고 몰아붙인다면 배우자는 "무슨 헛소리를 하는 거야! 내가 그 사람한테 정신이 팔렸다고? 나는 일을 하는 것뿐이야! 당신 혼자 소설 쓰고 있구먼!"이라고 맞받아칠 것이다. 이 대화는 분명 문제를 풀기 위해 아무런 도움이 되지 않는 대화일 뿐만 아니라 오히려 상황을 더 나쁘게 만든다. 그렇다면 "이게 다 당신 탓이야!"라는 부정적인 메시지가 아닌 성숙하고 건설적인 방법으로 "내 기분은……"이란 메시지를 보내 보자. 이 방법은 배우자의 공격적이고 부정적인 반응의 강도를 약화시킬 수 있다. 배우자는 당신이 보낸 메시지가 자신을 비난하는 것이 아니라고 느끼면서 "미안해, 나는 당신을 무시하려고 한 적이 없어"라며 부드럽게 반응할 것이다.

이처럼 불행하게도 상대적으로 감정이 더 예민하고 약한 사람들은 무모하게 공격적인 감정 표출을 한다거나 자신의 감정을 제대로 조절하지 못하는 경우가 많다. 이들은 감정을 다스리는 건설적인 방법을 배워야 하지만 그러지 못하는 사람이 대부분이다. 나에게 상담을 받은 많은 사람들 중 특히 부부가 건설적인 감정 표현의 방식을 배워 배우자에게 시도한다. 그러면 한결같이 "아니, 당신 너무 예민한 거 아니야?"라는 반응을 마주하게 된다. 그러나 그 말을 듣고 자신의 감정 표현을 포기하게 되면 아무것도 얻지 못할 뿐 아니라 다시 감정적인 침체의 원점으로 돌아가게 된다. 이럴 때 가장 좋은 대응은 "이 문제만큼은 내가 예민하게 군다고 생각하지 않아요. 오히려 내가 예민하게 군다고 생각하는 당신의 무심한 태도가 더 문제라고 생각해요"라고 하는 것이다. 감정을 다스리는 데 훈련이 잘된 사람들은 스스로 감정의 지배력을 잃지 않기 위해 지속적으로 투쟁해 나가는 사람이다. 상대와 끝없이 논쟁하거나 상대를 굴복시키라는 것이 아니다. 배우자로부터 "당신 말이 맞아! 내가 미처 생각하지 못했어"라는 말을 들을 수 있도록 자신의 감정 표현을 성숙한 방법으로 꾸준히 시도해야 한다는 것이다. 우리는 자신의 감정을 훼손당하지 않고 상대방의 감정도 훼손하지 않도록 차분하고 단호하게 표현하는 훈련을 해야 한다. 자신의 감정을 충분히 인정받고 존중받을 때까지 목표를 관철하기 위한 전투를 계속해 나가야만 하는 것이다.

여전히 변화되는 것은 없네요

몇 년 전에 청소년 집단 심리치료 프로그램을 진행하면서 카렌이라는 열여섯 살 소녀를 알게 되었다. 카렌은 옷을 갈아입고 있는 중에도 노크도 없이 함부로 자신의 방에 불쑥 들어오는 엄마의 행동을 도저히 이해할 수 없다고 털어놓았다. 그리고 나의 권면에 따라 자신의 주장이 관철될 때까지 엄마에게 감정 메시지를 계속해서 보내기 시작했다. 그리고 그녀는 "이제는 엄마가 조금씩 내 말을 들어주기 시작했어요. 행동에도 변화가 보이고요. 무려 27번 만에 말이에요!"라며 엄마의 완고함에 고개를 저었다.

타인의 감정을 쉽게 받아들이지 않는 사람들에게 효과적인 방법은 점점 더 강도를 높여 정면 대응하는 것이다. 카렌의 엄마가 처음 노크도 없이 방에 함부로 들어왔다면 "노크도 없이 내 방에 들어오는 것은 너무 싫어요"라고 차분하게 자신의 감정을 표현해야 한다. 하지만 그럼에도 불구하고 엄마의 태도에 변화가 없다면, 더욱 단호한 목소리로 "엄마! 그렇게 노크도 없이 내 방에 불쑥 들어오시면 제 기분이 무시당하는 느낌인 거 아세요?"라고 분명히 말해야 한다. 그래도 카렌의 말이 관철되지 않는다면, "엄마! 제가 옷도 입지 않은 상태인데 그렇게 불쑥불쑥 방문을 열면 제가 얼마나 불쾌하고 속상할지 한 번이라도 제 입장에서 생각해 본 적 있으세요? 왜 제 기분을 이해하지 못하시는 거죠?"라고 강하게 공격적인 감정 표현을 통해 분명하게 전달할 필요가 있다. 그리고 그다음 단계는 이 논쟁에 아빠를 함께 참여시키는 것이다. 이 방법은 문제가 해결될 때까지 논쟁을 계속 이끌어가기 위한 하나의 효과적인 전략이다.

감정의 시계추 그림처럼 건설적인 방법으로 감정을 표현했음에도 상대방이 전혀 반응을 보이지 않는다면 보다 더 공격적이고 강도가 높은 감정 표현의 메시지를 보낼 필요가 있다.

원리를 적용할 때

지금까지 제7장, 8장을 넘어오면서 분노를 다스리는 방법을 배운 사람들은 이와 같은 질문을 자주 한다.

"이 과정을 어떤 감정의 문제에 적용해야 하는지 어떻게 알 수 있나요?"

이런 경우 나는 일반적으로 오늘 혹은 오래전에 일어났던 일이라도 분노, 짜증, 상처의 감정이 사라지지 않고 마음속에 앙금으로 남아있는 문제라면 무엇이든지 이 단계들을 적용할 수 있다고 조언한다. 이 원리들을 자신의 삶 속에 지속적으로 적용하게 되면 당신은 그동안 시달리던 가벼운 문제들이 쉽게 정리되는 것을 느끼게 될 것이며, 곧 자신의 내면과 감정을 좀 더 심층적으로 이해하려는 욕구가 생길 것이다.

10

OVERCOMING
HURTS & ANGER

분노 예방하기

우리는 분노에 효과적으로 대처하기 위하여 평소 분노가 일어나지 않았을 때 해야 할 일들이 있다. 먼저 학습을 통해 어떻게 분노를 다스려야 하는지를 배우고 준비해야 한다. 그렇지 않으면 미해결된 채로 쌓여 가는 분노가 그동안 만들어 놓은 삶의 균형을 무너뜨리게 될지도 모른다. 또한 분노의 상황에서 성숙하게 대응하기 위해 내가 발전시켜야 하는 것이 무엇인가를 냉정하게 평가해 보아야 하며 그동안 내가 분노를 어떻게 대처해 왔는지 돌아보는 것도 분노의 강도와 횟수를 줄이는 매우 유익한 방법이다.

목적 있는 삶을 지향하라

　분노를 최소화하기 위한 필수적인 습관 중 하나는 건강한 신체를 유지하는 것이다. 몸이 피곤하면 사소한 일에도 짜증을 내거나 과잉 반응을 보이면서 다른 사람의 기분을 상하게 하는 행동을 하기 쉽다. 그러나 건강한 신체를 유지하는 습관을 만들어 낸다면 분노로 인해 발생할 갈등의 가능성이 현저히 낮아지게 된다. 또한 적당한 다이어트와 휴식, 긴장 완화와 가벼운 운동 등은 분노를 줄이는 방법에 있어서 필수적인 사항이다.

　건강한 삶을 위해 체력 단련과 함께 중요한 자세는 일상 속에서 꾸준히 능동적인 활동을 하는 것이다. 목적을 따라 능동적으로 사는 삶은 다람쥐 쳇바퀴 돌듯이 사는 삶보다 훨씬 분노를 적게 느끼고, 타인에게 생겼던 분노마저 목적을 향해 나아가는 원동력으로 바꾸게 되면서 타인에 대한 질투를 줄이는 삶을 살 수 있게 된다. 일과 여가, 두 가지를 위한 건설적인 삶을 사는 것이 우리가 지향해야 할 삶의 정향이다.

하나님과의 참된 관계

지금까지 우리가 이야기했던 모든 내용의 알맞는 관점을 갖기 위해서는 필수적으로 하나님과 올바른 관계를 맺어야 한다. 이 관계를 통해 우리는 다른 사람과의 관계에서 발생할 수 있는 적대감을 제거하는 데 큰 도움을 받을 수 있다. 인간은 언제든 상대방에게 실망과 모욕을 주는 존재로 변할 수 있는 불완전한 존재이다. 하지만 하나님께서 우리에게 베풀어 주신 은혜를 이해하게 된다면 인간관계에서 반복되는 갈등과 분노를 극복하고 상대방을 용서할 수 있는 힘을 갖게 될 것이다. 더 나아가 말씀을 묵상하거나 규칙적인 기도 습관을 통해 경건한 마음을 꾸준하게 유지해 나간다면 갈등관계를 지혜롭게 해결할 수 있는 준비된 자세를 갖추게 될 것이며 우리 삶의 우선순위에 무엇을 두어야 하는지 명확하게 정립될 것이다.

용서를 실천하는 크리스천의 삶에 있어서 때로는 우리의 행동이 아무 의미 없이 전달되어 오히려 상대방을 쉽게 분노하게 만드는 경우도 있다. 구약 성경에서 발람의 이야기가 이런 사실을 보여 주는 예라고 할 수 있다(민 22:26-33). 하나님께서는 발람의 잘못된 행동을 멈추게 하시려고 그가 타고 있던 당나귀의 방향을 세 차례나 바꾸셨다. 그러나 그는 하나님의 경고를 깨닫지 못하고 오히려 당나귀에게 화를 내며 매질을 해댔다. 이처럼 하나님께서도 필요하다고 판단되시면 인간의 무지를 일깨우시기 위해 실망과 상처 그리고 고통을 도구로 사용하신다. 사람의 용서와 타협을 권유하는 일 역시 위와 같은 과정을 필요로 할 수도 있다. 그럼에도 우리가 하나님의 거룩한 뜻을 깨닫지 못한다면 결국 하나님은 분노하는 모습을 우리에게 보이신다.

> "그대는 분노하지 않도록 조심하며 많은 뇌물이 그대를 그릇된 길로 가게 할까 조심하라"(욥 36:18)

참된 기대와 권리를 숙고하라

산상수훈에서 예수님은 "내가 너희에게 이르노니 악한 자를 대적하지 말라 누구든지 네 오른편 뺨을 치거든 왼편도 돌려 대며 또 너를 고발하여 속옷을 가지고자 하는 자에게 겉옷까지도 가지게 하며 또 누구든지 너를 억지로 오 리를 가게 하거든 그 사람과 십 리를 동행하고"(마 5-7)라고 말씀하셨다.

이처럼 크리스천들은 성경 말씀을 통해 자신의 욕구와 필요를 채우기보단 누군가의 필요에 귀를 기울이며 돕는 삶을 살아야 한다고 배우게 되면서 자신을 위한 이익과 권리를 기대하지 않고 살아가곤 한다. 마치 크리스천의 삶은 절대적인 순종에 따라 자신을 위한 삶이 조금이라도 용납되지 않는 것처럼 보이게 된다. 이러한 함축적인 가르침은 크리스천의 분노를 다스리는 방법에도 그대로 적용되고 있다. 즉, 우리는 우리는 문제가 발생하더라도 상대방으로부터 아무 것도 기대하지 말아야 하고 그것 때문에 실망하거나 분노하지 말아야 한다고 생각하게 되는 것이다.

그러나 나의 생각은 다르다. 누군가에게 어떤 기대나 권리를 주장하는 것은 인간으로서 절대로 피할 수 없는 욕구이다. 만약 우리가 크리스천으로서 무엇인가를 주장할 수 있는 권리도 없다면 하나님께서 우리에게 허락하신 역할을 온전하게 수행할 수도 없을뿐더러 삶의 의미까지 잃어버려 죽느니만 못한 삶을 살게 될 것이다. 상대적으로 우리보다 부족한 사람들은 항상 존재한다. 즉, 우리의 이익과 권리를 주장할 수 없다면 우리는 우리가 가진 모든 것을 더 부족한 사람들에게 항상 나눠 주어야 한다는 뜻이다. 또한 아무 권리가 없다면 분노의 문제도 없을 것이고, 있다 하더라도 자연스럽게 해결될 것이다. 이러한 관념으로 분노의 문제를 해결한다는 것은 너무나 어리석은 생각이다.

이와는 상반되게 부적절하고 탐욕적인 기대와 권리 주장은 오히려 사람들 간에 심각한 문제를 유발시키는 원인이 된다. 탐욕적인 욕구라 하더라도 충족되지 않는다면 분노하게 되는 것이 인간이다. 게다가 이러한 기대가 말처럼 완전하게 충족되는 사람 또한 없다. 그래서 탐욕적으로 사는 사람에게는 의식적 또는 무의식적으로 불

충족에 대한 불만이 항상 잠복되어 있다. 설령 자신의 기대가 예상한 것처럼 완벽하게 채워진다 하더라도 오히려 당황하거나 그런 사실을 부인하며 더 큰 욕구가 생겨나게 된다. 우리가 인지하든 못하든 간에 주장하는 권리와 기대의 분량이 커질수록 그것이 이루어지지 않았을 때 나타나는 분노는 그 분량만큼 커진다.

내가 상담하는 사람들 중에는 젊고 자립할 능력이 충분히 있음에도 불구하고 사회가 자신의 필요를 제대로 채워 주지 않는 것에 대해 분개하는 사람도 있었다. 그는 자신의 주장에 대한 어떤 비판도 인정하지 않았고 자신의 안녕을 사회가 책임져야 한다는 기대가 확고했던 사람이었다.

말단으로 시작해서 온갖 고초 끝에 사장이 된 사람이 사회의 부조리에 대하여 분노하는 경우도 있으며, 결혼생활을 계속 유지할 것인지에 대한 여부는 여자의 고유 권한이라고 주장하는 아내도 있다. 휴가는 반드시 온 가족이 함께 보내야 한다는 가장도 있고, 자신의 차가 아내의 차보다 무조건 비싸야 하고 모든 결정권은 자신에게 있어야 한다는 남편도 있다. 물론 각각의 사례는 배경이 모두 다르지만 분명한 것은 모든 인간관계에서 상대만의 감정적인 영역을 심각하게 붕괴시킬 만한 부적절한 기대가 분명히 존재한다는 것이다.

자신의 기대와 권리 때문에 스스로 맹목적인 계약을 만들고 그로 인한 분노와 상처, 좌절 혹은 실망에 빠지게 된다면, 당신의 계약은 이미 심각하게 훼손되어 있는 것이다. 당신은 "나는 어떤 계약도 한

적 없는데? 근데 하지도 않은 계약이 훼손되었다는 거야?"라고 스스로 위안을 삼으며 반박할 것이다.

우리는 무의식적으로 수많은 계약 속에서 살고 있다. 모든 사람들은 직장, 가정 등에서 여러 인간관계를 형성하면서 최소한 아래 세 가지 단계의 기대를 하며 살아간다.

첫 번째 단계는 **'드러난 기대'**이다. 서로 간에 숨길 수 없고 명백하게 정의된 기대를 말한다. 이것은 말로 표현하거나 글로 기록된 것들이다. 두 번째는 **'드러나진 않지만 인지할 수 있는 기대'**이다. 이 단계는 말이나 글과 같은 언어로 표현된 것은 아니지만 마음으로는 충분히 파악할 수 있는 기대를 말한다. 언어로 표현되지 않는 이유는 기대가 노출됨으로써 서로에게 부담이 되거나 거절당하지 않을까 하는 두려움 때문이다. 세 번째 단계는 좀 더 깊은 단계의 기대로써 자신도 인식하지 못하는 **'무의식적인 기대'**이다. 부부, 커플, 가족과 같은 친밀한 관계는 위에서 언급한 세 가지의 기대를 다 포함하는 관계이다. 따라서 그만큼 분노, 짜증, 상처가 자주 발생할 가능성과 기회가 더 크다고 할 수 있다.

일명 '숨겨진 기대'라는 게임이 있다. 서로 간의 관계를 검사하는 실험으로 게임의 방식은 이렇다.

> 나는 내 갈색 양복의 단추가 하나 떨어져 있는 것을 발견했다. 내가 자주 입는 옷이고 어제도 입었기

때문에 함께 외출한 나의 아내도 그 사실을 잘 알고 있을 것이다. 나는 아내가 바쁘다는 것을 잘 알고 있다. 하지만 한 주가 지나도록 그 옷에는 여전히 단추가 새로 달리지 않고 있다. 그녀가 나를 정말로 사랑한다면, 내가 먼저 말하기 전에 이미 단추를 달았을 것이다. 나는 점점 얼마나 '빨리 단추를 다는가'가 그녀가 나를 '얼마나 사랑하는가'를 측정할 수 있는 척도가 될 수도 있다고 생각하게 된다.

또 한 주가 지나갔다. 그녀는 내게 체육복 상의를 너무 자주 입고 다니는 거 아니냐며 핀잔을 준다. 나는 의도적으로 체육복 상의를 입고 다녔음에도 "그렇게 자주 입지 않았는데"라며 대수롭지 않다는 듯이 대답한다. 나는 그녀가 양복 단추를 아직도 달지 않은 것을 보면서 그녀에 대한 '숨겨진 기대' 실험이 실패로 끝났다고 생각한다. 그와 동시에 분노가 올라오기 시작했다.

이러한 게임이 얼마나 바보 같고 부정적이며 관계를 파괴할 수 있는지 파악하는 일은 그다지 어렵지 않을 것이다. 우리가 진정으로 관계를 건강하게 유지하기 원한다면 속히 이러한 소모적인 게임을 청산해야 한다. 이미 말했듯이 사랑하는 연인과 부부는 세 단계의 기대가 요구되는 친밀한 관계이다. 그렇기에 서로가 서로에게 기대하는 것은 당연하지만, 정말로 중요한 점은 우리의 감정과 바라는 바를 어떻게 서로가 나누어야 하는지 그 방법을 배워야 한다는 것이다.

인간의 성숙함에 관하여 쓴 한 책에는 진솔한 감정 교감을 위해 이렇게 권유한다.

"너의 감정을 작은 노트에 기록하라. 그리고 항상 새롭게 고쳐 써라. 그 감정이 발생했던 순간을 나눌 수 있는 방법을 찾아라. 내 기분 상태가 어떤지 그리고 내가 정말로 원하는 것이 무엇인지를 구분해서 말하고 전달되도록 시도해 보라!"

그렇다면 자신의 기대가 실제적인 것인지 아닌지를 구분할 수 있는 방법은 무엇이 있을까? 그 방법은 바로 '목록화'를 하는 것이다. 자신을 화나게 하는 것, 짜증스럽게 하는 것, 격분을 불러일으키는 것 등을 생각나는 대로 모두 적어보자. 그런 뒤 목록에 쓰인 것들이 어떤 종류의 권리와 기대로부터 발생하는 것인지 내용을 붙여보자.

분노와 상처의 마음을 전환시킬 수 있는 가장 빠른 방법은 자신의 기대를 차분하게 검토하고 부적절하거나 비현실적인 것들을 그 속에서 제거하는 것이다. 부적절하고 비현실적인 기대가 사라지면 분노도 함께 해결된다. 만약 미련 때문에 비현실적인 기대를 제거하지 못한다면 절대로 타인을 향한 분노가 멈춰지지 않을 것이다.

나는 항상 상담을 하면서 사람들이 본인이 가진 기대에 대하여 스스로에게 정직하지 못한 것이 매우 안타까웠다. 우리는 자신의 바람을 입 밖으로 내뱉는 것을 어려워할 뿐만 아니라 본인 스스로에게도 어색해 한다. 하지만 우리가 의도하든 하지 않았든 우리의 무의식은 기대를 통하여 움직인다. 즉, 우리의 권리와 기대는 우리의 삶에 매우 결정적인 부분이며 삶의 정당성을 확보하는 중요한 목표가 된다.

기대를 표현하라

기대가 중요한 목적이 되고 그것이 명백한 가치를 담고 있다면 투사하는 대상에게 그 기대를 반드시 표현해야 한다. 이것만이 건강한 관계를 위해 서로 마음을 열고 기대를 공감하게 만드는 유일한 방법이다. 중요한 점은 앞서 말한 '숨겨진 기대'라는 바보 같은 게임이 되지 않기 위해서 먼저 자신의 기대가 정말로 합당한 것인지 또는 동의를 얻을 수 있을 만큼 성숙한 것인지에 대한 성찰의 시간이 필요하다. 만약 상대로부터 성숙성에 대하여 인정받지 못한 기대라면 반드시 상대방의 동의를 얻은 후 표현해야 하며, 그렇지 않을 경우 또 다른 갈등의 씨앗이 될 수밖에 없다.

기대를 표현할 때 반드시 유념해야 하는 또 다른 한 가지는 자신의 욕구와 바람, 그리고 갈망을 솔직하고 명확하게 전달해야 한다는 것이다. 이러한 소통과 공감의 실패는 일터나 교회, 그리고 가정이라는 가장 가까운 관계 속에서 자주 일어나게 되며 이어 분노를 일으킨다. 상대방에게 '좋은' 이미지로 남기를 원하는 사람들일수록 자신의 기대를 표현하는 것에 매우 수동적이다. 특히, 연인에게 자신의 기대를 명백하게 표현하는 것은 자신이 마치 '배려가 없는' 사람처럼 보이거나 또는 '좋은' 이미지가 망가지진 않을까 하는 걱정 때문에 더욱 어렵게 느끼기 마련이다. 하지만 이러한 태도는 결국 나중에 아무것도 수습할 수 없는 참담한 결과를 가져올 뿐이다.

크리스천들은 기독교 회사에 처음 입사 지원할 때 자신을 '사랑이 넘치고, 어떤 일에도 순종적인' 사람으로 나타내 보이는 경향이 있다. 그러한 경우를 자주 지켜보면서 그들은 결국 회사에 실제로는 표현하지도 못할 매우 비현실적인 기대를 가지고 있다는 것을 알 수 있었다. 결국 그 회사가 그들의 기대에 부합하지 않게 되면 그들은 일반 회사에서보다 훨씬 더 심한 상처를 입게 되고 심지어는 분노와 비탄에 빠지기도 한다. 차라리 처음부터 자신의 기대를 명확하게 전달하고 적절하게 타협을 이루어 냈다면 시간이 지난 후 자신의 기대가 무참히 깨져 심한 좌절감에 빠지는 것보다 더 좋은 결과로 나타나지 않았을까?

공의로우신 하나님을 기대하라

나는 이 지구상에 살고 있는 모든 사람들이 하나님의 존재를 믿든 안 믿든 하나님께 의지하며 살아간다고 생각한다. 어떤 사람은 "하나님이 정말 존재한다면 이 세상의 모든 악과 고통은 없어야 하고 선한 것만 존재해야 되지 않느냐"라고 하고, 또 어떤 사람은 "하나님이 정말로 존재한다면 믿음을 강요하지 말고 사람들 앞에 자신을 나타내 보라"라고 말하기도 한다.

그러면서도 많은 사람들이 의식적으로나 무의식적으로, 육체적으로나 정신적으로 또는 경제적으로 고통받기 싫어하며 이러한 자신들의 기대와 바람을 하나님께서 채워 주시길 갈망한다.

물론 사람들은 이런 기대를 노골적으로 표현하진 않지만 척박한 삶 속에서 무의식적으로 하나님의 도우심을 소망하며 살아간다. 특히 사랑하는 사람이 떠났거나, 심각한 병에 걸리거나, 직업을 잃어 경제적인 어려움에 시달리는 사람들은 무의식적으로 하나님을 찾게 된다. 그러나 하나님을 향해 자신의 고통과 어려움을 토로함에도 그 기대가 충족되지 않았을 때는 분노하고 좌절하는 자신을 발견하게 된다. 이러한 경우에는 과연 어떻게 행동하는 것이 가장 바람직한 걸까? 그 정답은 바로 우리의 기대가 바람직한지 아닌지를 떠나 먼저 하나님과 나 자신에게 정직해야 한다는 것이다. 이러한 태도는 여러 모로 우리 삶을 진정으로 건강하게 만드는 데 합리적인 타당성을 가지고 있다.

하나님 앞에 자신의 감정과 기대를 솔직하게 고백하는 것은 자신의 기대를 가장 효과적으로 대처하며 실현시키는 최상의 방법이 된다. 사실 많은 사람들이 '하나님에 대한 분노나 원망과 같은 부정적인 감정을 마음대로 표현하면 하나님께서 분노하시지 않을까' 하고 염려한다. 욥기나 시편을 확인해 보자. 그 안에는 하나님을 향한 자신의 분노, 원망, 실망의 표현이 가득 차 있을 뿐만 아니라 예레미야, 하박국, 욥, 다윗과 같은 믿음의 사람들조차도 고통과 분노의 감정을 하나님 앞에 마음껏 쏟아냈음을 알 수 있다. 이러한 하나님을 향한 감정적인 토로가 오히려 그들에게 닥친 어려움을 이겨내고 극복할 수 있도록 매우 강력하게 작용했다. 여기서 한 가지 주의해야 할 점은 감정을 솔직하게 토로하면서 그 과정에서 하나님을 저주하는 태도를 가지면 절대 안 된다는 것이다.

> "이 모든 일에 욥이 범죄하지 아니하고 하나님을 향하여 원망하지 아니하니라" (욥 1:22)

하나님과 자신에게 정직한 태도가 우리의 영혼을 건강하게 하는 또 다른 이유는 이 과정을 통해 부적절한 기대가 정리되고 합당한 기대만 남게 되는 유일한 방법이기 때문이다. 성경에 아합과 웃시야 왕과 같은 많은 부적절한 기대를 가졌던 사람들을 보면 자신의 기대가 이루어지지 않았을 때 매우 강력한 분노의 화신이 되어 버리는 것을 볼 수 있다(왕상 21, 대하 26:16-20). 누가복음에는 잃은 아들을 되찾은 아버지 비유가 나온다. 탕자가 되어 돌아온 동생을 아버지가 환대하자 그 처사에 말할 수 없는 불만을 터트린 장남은 강한 분노의 노예가 되어 버린다(눅 15). 이처럼 인간은 자신의 기대가 뜻대로 충족되지 않으면 필연적으로 분노에 휩싸이게 된다.

욥은 비록 그 당대에 땅 위에서 가장 의로운 사람이었지만 하나님의 시험을 받아 건강과 재산, 가족과 친구들의 우정마저도 깡그리 잃어버린 사람이 되고 말았다. 이것은 하나님의 율법을 어겨 심판을 받은 것이 아니었다. 하나님께서 그에게 허락하신 모든 것을 거두어 가실 권리가 있다는 것을 나타내기 위함이었다. 어쩌면 이러한 비극이 오늘날 우리의 삶과는 전혀 상관없어 보일 수도 있다. 그러나 신문을 한번 펼쳐보라! 지진, 홍수, 기근, 전쟁을 통하여 아직도 얼마나 많은 사람들이 고통받고 있는지 알 수 있을 것이다.

우리는 내가 진정으로 바라는 기대가 무엇인지, 그 기대가 정말 하나님이 보시기에 합당한 것인지를 끊임없이 생각해 봐야 한다. 하나님께서 바꾸기를 원하신다면 기꺼이 포기하는 용기도 가져야 한다. 내가 성경을 통해서 또 한번 깨달은 바는 우리가 진정으로 마음을 비워 합당하지 않은 기대를 하나님 앞에 돌려 드린다면, 하나님은 그 보답으로 훨씬 더 좋은 것으로 우리를 채워 주신다는 것이다. 예를 들어, 나아만 장군은 자신의 나병을 치료하기 위해 호화로운 예식을 포기하고 어린 여종의 말을 따라 흙탕물이 흐르는 요단강에 자신의 몸을 일곱 번이나 담그는 순종적인 모습을 보였다. 그러자 하나님께서는 그의 나병을 고쳐 주시는 놀라운 역사를 보여 주셨다(왕하 5). 욥도 건강과 재물 그리고 가족에 대한 자신의 '권리'를 포기하자 놀랍게도 과거보다 두 배나 많은 것들로 채워 주셨다. 즉, 하나님께서는 마땅히 누려야 할 권리들을 포기할 때 과거에 포기했던 것들보다 더욱 풍성하게 채워 주시는 것이다.

삶을 인정하라

내 외동딸은 스물한 살 때 급성 백혈병 진단을 받았다. 오랜 투병 기간 동안 진행되었던 화학요법이 실패하면서 의사들로부터 마음의 준비를 하라는 이야기를 듣게 되었다. 그날 이후부터 가슴을 죄는 불안감과 낙담은 말로 표현할 수 없을 정도였지만 나와 아내는 쉽게 포기하지 않았다. 결과적으로는 감사하게도 하나님께서 우리의 기도를 외면하지 않으시고 친히 개입하셔서 지금은 건강하게 잘 살아 있다. 하지만 내 딸이 투병하는 동안에는 '삶은 왜 이렇게 불공평한 것일까' 하는 의문이 머릿속을 떠나지 않았다.

많은 사람들은 삶이 결코 공평하지 않다고 생각한다. 한쪽 끝에는 매력적이고 건강하며, 좋은 외모와 성공 그리고 지적인 능력까지 모든 것을 물려받고 자신의 노력과는 상관없는 이미 주어진 것들을 누리며 사는 사람들이 있다. 반대쪽 끝에는 물려받은 것이 아무것도 없고 너무나 열등한 상황 가운데 어렵게 사는 사람들도 있다. 우리 모두는 이 양극단의 사이 어디쯤엔가 살아가고 있다. 마태복음에는 "각각 그 재능대로 한 사람에게는 금 다섯 달란트를, 한 사람에게는 두 달란트를, 다른 한 사람에게는 한 달란트를 주고 떠났더니"(마 25:15)라는 예수님의 비유의 말씀이 있다. 이 말씀을 통해 하나님께서는 인간이 각각 고유하고 다양한 능력을 가지고 태어났다는 사실을 인정하고 계시다는 것을 우리로 하여금 깨닫게 하신다.

만약 우리가 항상 누군가와 비교하는 삶을 산다면 우리는 고유한 본성을 잃어버리고 열등감의 노예가 되고 말 것이다. 자신이 열등하다고 생각하는 사람들은 대부분 자신을 다른 사람과 비교하며 살아가는 경향이 있다. 이런 사람들은 하나님께서 주신 귀한 재능이나 은사를 보잘것없는 것으로 여기고 평생을 무시하며 살아간다.

하나님께서는 우리의 생명이 곧 선물이라고 하셨다. 우리는 이러한 하나님의 시각으로 삶을 바라보아야 한다. 우리에게 부여하신 생명과 삶은 곧 하나님의 선물이다. 또한 하나님께서 주신 지혜와 건강 그리고 소소한 물질적인 것들까지도 하나님의 귀중한 선물이다. 우리에게 부여해 주신 재능과 은사를 보잘것없는 것으로 치부하고 다른 사람의 것을 끊임없이 질투한다면, 우리는 우리가 가진 좋은 것들을 많이 놓치는 삶을 살게 될 것이다. 하나님께서 우리에게 선물로 주신 많은 것들을 알아가며 인정하고 수용하는 것은 분노를 극복하는 궁극적인 방법 중의 하나이다.

현실적인 바람을 가져라

우리는 실제로 이루기 힘든 목표를 세우는 경우가 종종 있다. 이것은 자신에게 어떤 한계가 있다는 사실을 인정하지 않으려는 태도로 매우 미성숙한 생각이다. 내가 상담했던 사람 중에 학창시절부터 시험을 보면 언제나 전 과목 100점을 당연하게 생각하는 사람이 있었다. 그의 부모조차도 그가 모든 부분에서 항상 최고가 되기를 요구하는 사람들이었다. 그는 어렸을 때부터 자신과 부모로부터 받는 과도한 기대에 쫓기며 살아왔고 자신이 조금만 느슨해지거나 게을러지면 경쟁에서 살아남을 수 없다는 강박 속으로 자신을 몰아넣고 있었다. 그는 자신이 설정한 목표에 도달하지 못했을 경우 일어나는 분노 때문에 토스터기에서 타버린 빵이나 꽉 막힌 출근길을 핑계로 자기도 모르게 격렬한 분노를 발산하곤 했다. 우리는 이와 같은 미성숙한 자세를 버리고 자신의 기대를 현실적으로 조절할 수 있는 태도를 가져야 한다.

계약서를 작성하라

상대방에게 자신의 바람을 전달함과 동시에 일종의 계약적인 동의를 얻는 방법은 돈과 시간 그리고 감정적인 에너지 소모를 줄일 수 있는 좋은 방법이다. 성경에서도 이러한 계약적인 동의를 맺은 좋은 사례가 있다.

블레셋 왕 아비멜렉은 우물을 많이 소유하고 있었다. 아브라함 부족은 가축을 기르기 위해 아비멜렉이 소유한 우물이 절실하게 필요한 상황이었다. 아브라함은 아비멜렉을 찾아가 충분한 대가를 지불하고 우물에 대한 소유권을 획득하는 계약을 체결한다.(창 21:25-32)

내가 수련의를 끝내는 마지막 해에 있었던 일이다. 나는 뜻하지 않게 특별한 과제를 수행할 수 있는 기회를 얻어 이번 기회에 한 개의 특정 분야에서 더욱 전문화된 의료기술을 얻고자 다짐했다. 그런데 내가 원했던 이 특정 분야는 과거보다 점점 더 기술 습득이 어려워지고 있었고 주어진 과제도 감당하기 매우 힘들어 보였다. 결국 나는 '그 분야를 포기하거나' 아니면 과거 수련의들이 해온 방식대로 '엄청난 과제와 업무들에 치여 스트레스로 쓰러지거나' 하는 갈림길에 서게 되었다.

하지만 두 가지 모두 내가 원하는 길이 아니었다. 그래서 누구도 시도하지 않은 방법을 통해 이 문제를 해결하고 싶었다. 나는 먼저 내가 이 과제를 하며 허용할 수 있는 최대치의 시간과 내가 원하는 명확한 영역 그리고 목표를 설명하는 제안서를 작성했다. 그뿐만 아니라 과제를 하는 과정에서 내가 원하지 않는 불필요한 것들에 대해 합리적이고 타당한 이유를 글로 설명하여 첨부했다. 그리고 담당 감독관과 관련 선배들에게 이 제안서를 제출하고 결과를 기다렸다. 나는 터무니없는 제안서라며 거부당하거나 통과되더라도 많은 부분이 수정되지 않는 이상 제출한 제안서 그대로는 통과되지 않을 거라 예상하고 있었다. 그러나 놀랍게도 내 예상을 깨고 제출된 원안 그대로 제안서가 통과되었다.

제안서가 통과된 후 담당 감독관은 나에게 와서 "혹시 가족 중에 협상 전문 변호사가 있는 거 아니냐?"라며 웃으면서 말을 건넸다. 나는 감독관에게 그동안 그 분야의 수련 과정을 보면서 소모적인 부분을 줄이고 가장 효율적인 방법이 무엇일까 고민하면서 제안서를 작성했다고 설명했다. 그러나 그 이후 담당 감독관은 의도적으로 '본인을 위한 훈련과 교육'이라는 명분을 내세워 더 많은 과제를 수행하도록 몇 번씩이나 압박을 주었다. 나는 이미 제출한 제안서로도 충분히 과제를 수행할 수 있다고 믿었기에 감독관에게 어느 부분이 미비하다고 생각이 드는지 함께 검토해 보자고 강하게 요구했다. 그러자 그는 "그럴 필요까지는 없어!"라고 대답하고 그 문제를 다시는 제기하지 않았다.

만약 담당 감독관의 동의를 이끌어 내지 못했더라면, 나는 아마도 엄청난 과제와 격무에 시달리면서 분노와 스트레스 그리고 갈등의 노예가 되어 있을지도 모른다. 이 문제를 다루는 과정에서 정식으로 문서를 작성하는 약간의 번거로움과 그 제안서로 인한 소소한 갈등이 뒤따랐지만, 결코 포기하거나 회피하지 않고 정면으로 맞섰다. 그 결과 내가 속한 조직의 관계를 손상시키지 않고 공평하게 문제를 해결할 수 있게 되었다. 이렇듯 자신이 원하는 바를 계약의 형태를 통해서라도 그 의도를 명확하게 전달하는 것, 이것은 추후에 발생할지도 모르는 심각한 갈등을 미리 방어할 수 있는 탁월한 방법이라 하겠다.

열등감을 극복하라

열등감은 부정적인 의식이나 분노와 매우 밀접하게 관련되어 있다. 부정적인 의식이나 열등감이 강할수록 분노가 발생할 가능성이 더욱 크다. 이와는 반대로 건강한 자존감이 강한 경우에는 질투와 비탄과 같은 부정적이거나 방어적인 의식은 약화된다.(알림: 여기서 언급한 부정적인 의식이나 열등감은 실제적인 능력의 소유 여부와는 아무런 상관이 없다. 우리가 부정적인 의식이나 열등감을 느낀다면 이것은 대부분 자존감을 보호하기 위한 의식의 자연스러운 방어기제일 뿐이며, 분노로부터 재빨리 자신을 방어하기 위한 것일 뿐이다.)

분노의 상황을 벗어나라

> "노를 품는 자와 사귀지 말며 울분한 자와 동행하지 말지니 그의 행위를 본받아 네 영혼을 올무에 빠뜨릴까 두려움이니라" (잠 22:24-25)

확실히 분노가 몸에 배인 사람들은 존재하기 마련이다. 이들의 이러한 분노의 습관은 마치 전염병처럼 쉽게 우리를 분노에 전염시킬 수 있다. 또한 일반적인 상황보다 분노가 발산될 수 있는 훨씬 더 부정적인 상황도 언제나 존재한다. 그러므로 우리가 꼭 그 상황에 있어야 할 정당한 이유가 없다면 가능한 한 빨리 그 상황을 벗어나는 것이 현명하다.

우리는 때때로 분노를 건설적으로 해결할 수 없는 부적절하고 해결 불가능한 상황에 놓일 때가 있다. 예를 들어 이성적으로는 도저히 이해할 수 없는 직장상사와 다툼이 그러할 것이다. 이렇게 건설적으로 해결이 불가능한 경우는 변화를 기대하거나 그 환경에 적응하는 것, 그 어느 것도 쉽지 않게 된다. 이런 경우에는 어쩌면 아마

직장을 옮기는 것이 가장 좋은 방법이 될 수도 있다.

말이 통하지 않는 배우자와의 관계 또한 우리가 통제해야 하는 가장 힘든 상황 중의 하나일 것이다. 이 책에서 제시하는 원리를 적용해 보는 것도 매우 탁월한 방법이 될 수 있겠지만, 그것만으로 충분하지 않다면 둘만의 상황에서 벗어나 전문가의 도움을 받아 해결하는 것이 가장 좋다.

분노가 유발될 수 있는 다양한 상황들: 무덥고 습한 날씨, 변덕스러운 날씨, 어수선한 분위기, 시끄러운 장소, 많은 사람들이 붐비는 장소 등

사회적인 연대와 유머

사회적으로 관계가 단절되고 고립된 사람은 그렇지 않은 사람(좋은 연대를 가지고 사람들과 관계를 잘 맺는 사람)에 비해 삶의 질이 매우 떨어진다. 이들은 해결되지 못한 분노로 인해 많은 문제와 갈등을 가지고 있을 가능성이 높다.[*] 반면 유머 의식이 있는 사람은 육체적으로나 정신적으로나 비교적 건강을 잘 유지하는 것으로 나타난다.

자녀들에게 어떻게 분노와 상처를 다스려야 하는지 가르쳐라

분노의 문제는 이미 유년기와 청소년기부터 내면에 부정적인 자의식을 만들어 낸다. 분노와 갈등이 심한 일곱 살의 어린아이에게서 혈압을 증가시키는 징후가 발견되었다는 연구 보고서도 있다. 부모와 선생님은 가정과 학교에서 아이들이 건강한 분노 대처 방법을 얻는 중요한 모델이 된다. 특히 부모는 아이들에게 분노를 어떻게 다스려야 하는지를 가르치고 모범적인 모습을 보여야 한다. 배우자에 대한 분노를 성숙하지 못한 방법으로 표출하거나 부정적인 의식을 은폐하거나 한 방에 터뜨리는 것은 아이들이 건강한 분노 대처능력을 배우는 데 매우 좋지 않은 영향을 끼친다.

해결되지 않은 잠복된 분노를 줄여라

상처와 분노 안에 잠복된 엄청난 부정적인 에너지는 그 실체와 규모를 아무도 정확히 파악해 낼 수 없다. 헤롯 왕과 정략 결혼을 한 헤로디아는 자신의 결혼이 율법에 어긋난다고 강하게 비판했던 세례 요한에게 분노와 복수심을 가지고 있었다.

"요한을 원수로 여겨 죽이고자 하였으되"(막 6:19)

위 성경 구절처럼 헤로디아는 여러 사람들의 눈이 두려워 주저하던 헤롯 왕에게 자신의 의붓딸인 살로메를 시켜 세례 요한에게 끔찍한 복수를 하도록 만든다. 한 연구에 의하면 매우 많은 사람들이 헤로디아처럼 엄청나게 크고 부정적인 '해결되지 않은 잠복된 분노'를 내면에 차곡차곡 모으고 있다고 한다.

헤로디아의 이야기와 이 연구 결과는 "해결되지 않은 잠복된 분노를 어떻게 제거할 수 있을 것인가?"라는 매우 중대한 질문을 우리에게 던지고 있다. 우리는 어떻게 해야 잠복된 분노를 제거할 수 있을까? 그 해답은 바로 분노가 쌓이게 된 최초의 상황을 찾아가는 것이다. 분노를 제대로 관리하지 못하고 올바르게 대처하지 못해 상처가 생긴 상황은 항상 존재할 것이다. 그곳이 바로 해결되지 않은 분노의 출발점이라고 할 수 있다. 손상된 감정은 결국 우리의 내면에 앙금처럼 가라앉게 된다. 이렇게 깊이 가라앉은 분노를 제거하기 위해서는 반드시 과거로 되돌아가서 그 분노가 앙금이 되지 않도록 건설적인 작업을 이루어 내야 한다. 이것은 단순하게 보면 이미 소멸된 건설적인 에너지의 흔적을 탐사하는 것처럼 보이지만, 실제로 이 방법은 잠복된 분노를 제거하기 위해 절대적으로 필요한 매우 중요한 과정이다.

위에서 말했듯이 쌓여 있는 분노를 제거하기 위해 해야 할 가장 첫 번째 작업은 내재된 상처의 근본적인 문제부터 꼼꼼하게 살피는 것이다. 내면으로부터 상처를 불러내는 것을 정신분석학적 용어로는 '해제 반응(Abreaction)'이라고 부른다. 오랫동안 묻어두었던 자신의 상처와 분노를 내면에서 끄집어내어 자기 손으로 어루만지게 되면 비로소 건설적이고 건강한 방식으로 자신의 감정에 대처할 수 있는 준비를 하게 되는 것이다. 그러나 자신의 상처와 분노를 계속해서 억압한다면 건설적인 감정 관리가 지연되고, 시간이 갈수록 '해제 반응'이 어려워지는 결과를 초래하게 된다. 이것은 마치 돈에 이자가 붙는 것처럼 갈수록 비싼 비용을 치르게 되는 것과 같은 이치이다. 불어난 이자만큼 결국 자신의 삶에 말할 수 없이 엄청나게 무거운 짐이 되어 자신을 괴롭힐 뿐만 아니라 자신의 무한한 잠재력도 무력화시키게 된다.

누군가는 "크리스천이라면 자신의 오래된 상처와 고통은 이미 없어진 게 아닌가요?"라고 묻기도 한다. 그렇다. 성경에서도 "그런즉 누구든지 그리스도 안에 있으면 새로운 피조물이라 이전 것은 지나갔으니 보라 새 것이 되었도다"(고후 5:17)라고 말한다. 그러나 크리스천이 된다고 해서 과거의 상처와 분노가 해결되는 것은 아니다. 이것은 하나님께로부터 구원을 받았다거나 죄 사함을 받은 것과는 전혀 별개의 문제이다. 비록 구원을 받았다 할지라도 자신의 내면에 오랫동안 쌓아놓은 상처와 분노는 자동적으로 해결되는 게 아니라는 말이다. 근본적으로는 죄 사함을 받고 예수님의 자녀가 되면 분명 상처와 분노를 씻을 수 있는 은혜와 능력이 생긴다는 것을 부인하는 것이 아니다. 예수 그리스도를 구주로 영접하고 구원을 받았다면 자신에게 내재된 해결되지 않은 분노를 충분히 제거할 수 있을 것이다. 그러나 쌓여 있는 분노에 진정으로 접촉하지 않고 여전히 미루어 둔다면 은혜를 받는다 한들 그다지 효과도 없을 것이다. 즉, 완전한 구원의 자리에 선 게 아니라 아직도 도래하지 않은 구원을 기다리고 있는 사람일 뿐이다.

유아기 때부터 신앙을 고백하면서 상대적으로 분노가 쌓이지 않은 사람들도 시간이 지나 성인이 되면 자신도 모르게 쌓여 있는 미해결된 분노를 경험하게 된다. 그 이유에는 노골적인 말씀으로 인한 불복종, 너무나 순진한 신앙고백, 잘못된 가르침, 모델의 잘못된 역할 등이 있다. 이처럼 설령 크리스천이라 하더라도 모두가 분노의 문제에서 자유로운 게 아니다. 공감을 나누고 연대감을 느끼며 자신의 문제를 정면으로 마주 보는 담대한 용기야말로 잠재된 분노를 해결하는 데 진정한 도움이 될 수 있다.

이번 장에서 제안했던 모든 방법들은 우리 내면에 분노가 부정적으로 자리 잡는 것을 예방하기 위한 것이며, 우리가 분명하게 미리 준비해야 할 일들이다. 이번 장을 읽으면서 자신의 기대와 정면으로 맞서는 것, 건강한 사회성을 유지하는 것, 가능한 한 분노의 상황을 빨리 벗어나는 것, 열등감을 이기는 것, 합리적인 계약을 맺는 것, 실현 가능한 기대를 정립하고 하나님과 올바른 관계를 유지하는 것, 목적이 이끄는 삶을 사는 것 등 분노를 이기고 극복하는 여러 효율적인 방법들 중에 자신에게 가장 필요한 올바른 방법을 찾길 바란다. 이러한 여러 방법들은 분명히 분노가 주는 부정적인 영향을 최소화하고 보다 즐겁고, 평화롭고, 행복한 삶을 영위할 수 있도록 만들어 줄 것이다.

OVERCOMING
HURTS & ANGER

어떻게 소통할 것인가?

나는 오랫동안 많은 사람들을 만나면서 소통에 어려움을 겪는 개인이나 부부들을 많이 경험했다. 이들 대부분은 소통의 기본적인 원리를 지키지 않아 어려움을 겪고 있었다. 소통의 어려움을 겪는 가장 직접적인 원인은 복잡하게 얽힌 감정들 때문이라 할 수 있는데 이런 감정들은 분노와 짜증과 같은 부정적인 감정을 더욱 키우는 원인이 된다.

이번 장에서 나는 갈등에 시달리고 있을 때 건설적으로 소통하는 이상적인 방법을 몇 가지 제시하고자 한다. 임상 과정을 통해 보면 대략 50% 이상이 이 방법을 적용해 소통의 어려움을 해결했다.

1. 분노가 발생했을 때는 신체적인 접촉을 절대 금지하라

손이나 팔을 잡거나 꼬집기, 찌르기와 같이 보기에는 아무런 해가 없을 것 같은 행위라 할지라도 더 심한 갈등을 유발시키는 행위가 될 수 있다.

2. 배우자의 말을 집중하여 경청하라

상대방의 입장에서 생각하는 공감은 건강한 소통을 위한 매우 중요한 요소이다. 또한 눈을 맞추고 몸짓을 이용하여 경청의 자세를 보이는 것도 매우 중요하다.

3. 의미를 공유하라

우리가 서로 다투는 과정에서 범하는 흔한 실수는 '다음 공격을 어떻게 할 것인가'에만 너무 집중하다 정작 상대방의 말이나 의도를 놓치는 경우이다. 이런 실수를 바로잡아야만 원활한 소통이 가능하며, 적극적으로 상대방의 생각을 다시 확인하는 과정을 통해 '의미 공유'를 하는 것이 중요하다. 예를 들어 "무슨 뜻인지 이해가 잘 안 되는데…… 다시 한 번 설명해 줄 수 있겠어?" 또는 "당신 생각이…… 라고 했는데 내가 제대로 이해한 거야?"라고 재차 확인하는 것이다. 진정한 일체감을 위해서는 서로 간의 공감과 이해가 필요하고 그 필요를 채우기 위해서는 예문처럼 서로 관심의 표현이 반드시 필요하다는 것을 알아야 한다.

4. 말을 끊지 말라

건설적인 소통을 하기 위해서는 다툼이 일어났을 때 절대 말을 끊어서는 안 된다. 서로가 말하는 중간에 말을 가로채거나 방해하지 말아야 한다는 규칙을 반드시 세우는 것이 좋다. 국회에서처럼 각자 주장을 펼칠 공평한 기회를 가져야 하고 의사를 개진할 기회를 절대로 방해해서는 안 되는 것이다. 설령 서로 간에 합의가 되지 않아 결정이 늦어진다 하더라도 가능한 한 충분하게 논의할 수 있는 시간을 가져야 한다.

5. 다툼의 문제를 잊지 말라

다투는 과정에서 자주 일어나는 실수는 한 가지의 문제가 다른 문제로 확대되는 것이다. 사소했던 부부 싸움이 심각한 상태로 진행되는 가장 큰 이유 중의 하나가 바로 해결되지 않았거나, 해묵은 문제들이 다투는 과정에서 다시 불거져 걷잡을 수 없이 심한 감정 상태로 번지기 때문이다. 따라서 상대방이 또 다른 수많은 불만으로 논쟁을 확대하더라도 본래의 주제에서 벗어나지 않도록 조심해야 한다.

6. 본인의 관점으로 이야기하라

다툼에서 자신의 관점으로부터 나온 의견을 전달하는 것은 매우 중요한 일이며 따라서 상대방이 가진 다른 관점에 대해서도 인정할 줄 알아야 한다. 어떠한 관점이든 간에 한 가지 관점을 절대적인 진리로 삼는 것은 결코 바람직하지 않으며, 어떠한 관점이라도 개인에 따라 해석의 차이가 있다는 것을 인정해야 한다. 자동차 사고가 났을 때 두 운전자의 이해 관점이 다르듯이 모든 관점은 적용점이 모두 다를 수 있다. 따라서 나의 주장이 아무리 타당하더라도 상대방을 궁지로 몰아넣는 것은 올바르지 못한 행동이며, "그건 확실히 아니다!"라는 표현보다는 "나는…… 라고 생각하는 데……"라는 우회적인 표현을 쓰는 것이 훨씬 더 좋은 방법이다.

7. 말하는 방식을 조심하라

"너가……", "너는……"이라는 책망의 방식보다는 "내 생각은……", "내가 느끼기에는……"이라는 표현을 사용하는 것이 좋다. "너는……"이라는 표현 방식에는 전형적으로 책임에 대한 정죄와 심판의 의도가 깔려 있을 뿐만 아니라 상대방에게 의견을 말할 기회를 전혀 남겨두지 않은 매우 잔인한 공격 방식이다. 따라서 논쟁을 할 때는 내 관점과 욕구, 바람과 기대에 대해 이야기할 시간을 갖고, 상대방에게도 동일하게 자신의 생각을 주장할 수 있는 시간이 주어져야 한다.

8. 무시하는 말을 삼가라

논쟁에 대해서 상대의 잘못을 혼자서 섣불리 판단하거나 무시하는 말을 하는 것은 관계를 파괴하는 매우 잘못된 행동이다. "정말 한심해", "제대로 하는 게 하나도 없어"와 같은 표현은 상대방을 짓밟는 비인격적인 행동이며 이러한 행동은 절대적으로 멈춰야 한다. 그뿐만 아니라 비웃거나 얼굴을 찡그리고 고개를 젓는 등 한심하다는 듯 비하하는 몸짓도 조심해야 한다.

9. 절대적인 표현은 피하라

자신의 의사를 주장할 때 "절대로!", "항상!"과 같이 완강하고 배타적인 표현은 피해야 한다. 이것은 성급한 일반화를 범하게 할 뿐만 아니라 그 주장이 맞든 안 맞든 논쟁의 끝에는 결국 자신의 주장으로 돌아오게 되는 실수를 하게 만든다. 결과적으로는 본래의 논점이 해결되지도 않은 채 제자리에 그대로 남아있게 된다.

10. 냉소적인 유머를 삼가라

다툼이 일어났을 때 그 문제를 쉽게 해결하지 못하는 부부들의 공통점은 매우 냉소적이고 파괴적인 조롱과 빈정거림을 자주 사용한다는 점이다. 본인이 이러한 문제를 크게 생각하지 않는다 하더라도 이것은 반드시 피해야 할 부분 중의 하나이다.

11. 상대방이 내 생각을 알고 있다고 생각하지 마라

부부 중에 간혹 이런 오해를 하는 경우가 있다. "그는 내 마음을 다 알고 있을 거야", "이 정도 말했으면 이제 다 이해했겠지"라고 말이다. 그러나 이것은 반대로 생각해 보면 상대방이 당신에게 아무 말 없이 "내 마음을 알아줘"라고 하는 것과 마찬가지인 것이다. 어느 쪽이든지 이런 가정은 나중에 심각한 문제를 야기시킬 수 있다.

12. 권위적이지 않도록 조심하라

대부분의 사람들은 다툼에서 상대방보다 우위에 서고 싶은 유혹에 쉽게 빠질 것이다. 이런 경우는 두 가지 모습으로 나눠 볼 수 있는데 첫째는 부모처럼 양육적인 태도이고 둘째는 상사처럼 아랫사람을 대하는 태도이다. '양육적인 태도'는 상대방을 의심, 심문하고 진단, 분석, 해석하여 충고, 설교, 명령, 감독, 책망하는 형태이다. 상사처럼 '잘난 척하는 태도'는 과하고 부적절할 정도로 동정과 위로를 하며 안심의 말들을 사용하는 것이다. 두 가지 모두 성인 대 성인의 대화를 파괴하는 태도라고 할 수 있다.

13. 서로 원하는 말을 다할 때까지 계속해서 대화하라

가장 중요하면서도 기본적인 자세는 양쪽 모두 자신이 원하는 말을 다할 때까지 계속해서 대화해야 한다는 것이다. 하지만 대화의 모습이 한쪽이 폭풍과 같은 대화를 한하거나 반대로 한쪽이 계속해서 침묵하는 것은 절대로 건설적인 태도가 아니다.(아래와 같은 경우가 아니라면 끝까지 대화하려는 노력이 필요하다.)

대화를 잠시 중단해도 좋은 상황

- 상대가 생각을 정리하기 위한 시간이 필요하다고 요구할 때

- 서로에게 생긴 격한 감정을 추스릴 시간이 필요하다고 판단될 때
(잠시 떨어져 있는 것도 좋은 방법이 될 수 있다. 하지만 감정이 충분히 정리되었다면 가능한 한 빨리 대화를 계속 이어가는 것이 바람직하다. 좀 더 깊은 대화를 위해 대화의 능력이 있는 사람이 먼저 시도해야 할 책임이 있다.)

- 대화를 위해 적절한 시간이 되기까지 기다려야 할 때
(너무 이르거나 너무 늦은 시간, 또는 아이들이 귀가하는 시간 등 대화가 어려운 시간은 피해야 한다. 대화하기에 적절한 시간을 정해 서로 그 시간을 지켜 대화하는 것이 좋다.)

마지막 조언

위에 제시한 모든 원리를 반드시 준수하지 못한다고 해서 걱정하거나 고민에 빠질 필요는 없다. 또한 원리를 준수하기 위해서 상대방에게 인위적이고 반복적으로 원리를 지키도록 요구할 필요도 없다. 다만 나는 위의 원리가 서로의 관계를 개선하고 회복하는 데 중요한 능력이 되기를 진심으로 소망한다. 그러기 위해서는 끊임없이 상대와 대화하고, 시도하고, 실천해야 하며 그러한 과정 가운데 자연스럽게 자신의 능력으로 만들어지기를 바란다.

궁극적으로 건설적인 소통을 통해 우리가 얻고자 하는 목표는 다음과 같다.

1) 서로의 입장을 듣고 다른 관점을 분명하게 이해하여 느끼고 공감하는 것(이 점만 잊지 않고 이해한다면 일상 속에서 일어나는 대부분의 갈등은 해결될 것이다.)

2) 서로의 차이를 인정하고 극복하여 문제의 해결책을 찾아가는 것

3) 대화를 통해 도출된 해결책에 대하여 서로가 동의하는 것(이것은 서로 간의 존중이며 타협이다. 한쪽에서 해결책을 강력하게 주장할 때, 그 해결책을 수용하고 존중한다면 다음 번 상황에

는 상대방의 양보를 얻을 수 있게 된다.)

4) 해결책을 보안할 수 있는 실험의 시기를 갖는 것

5) 부정적인 감정을 떼어 버리고 더 이상 그 문제에 대해 왈가왈부하지 않는 것

 결론적으로 우리의 목표는 아프고 병든 감정을 해결하고 서로를 막고 있는 벽을 허물어 상대를 있는 그대로 인정하도록 하는 것이며, 부부의 경우라면 특히 진정한 화해를 이루어 내도록 하는 것이다.
 그동안의 임상 실험을 통하여 내가 경험한 바에 의하면 분노와 상처를 유발하는 대부분의 문제들은 앞에서 제시한 방법을 통해 충분히 회피되고 해소될 수 있다고 자신한다. 어느 한쪽만 이 방법들을 따른다 하더라도 그 효과는 현저한 변화를 일으킬 것이다.

12

OVERCOMING
HURTS & ANGER

예수님 닮기

우리가 궁극적인 목표로 삼아야 하는 분노를 다스리는 가장 이상적인 방법은 예수님의 방법을 따라가는 것이다. 예수님께서는 다음과 같이 다섯 가지의 중요한 원리를 통해 분노의 문제를 지혜롭게 해결하셨다.

1. 공의로운 원리를 항상 추구하셨다.
2. 가벼운 문제에 대해 관용하셨다.
3. 용서하셨다.

4. 자신을 적대하는 자를 위해 기도하셨다.
5. 복수 대신 사랑으로 대하셨다.

나는 우리가 나약해지지 말고 담대하게 고군분투하여 이 다섯 가지 원리를 우리의 탁월한 능력으로 만들기를 바란다. 그러기 위해서는 반드시 앞서 언급했던 모든 방법을 익혀 어떤 어려운 상황에서도 적용할 수 있어야 할 것이다. 만약 당신이 준비되어 있지도 않고, 문제와 정면 대결하지도 못한다면 관용, 사랑, 용서라는 예수님의 방법은 절대 이루어 낼 수 없을 것이다. "나는 꼭 그렇게 하지 않아도 예수님처럼 용서하고 쿨하게 넘어갈 수 있는데?"라고 생각할 수도 있을 것이다. 두려워서 정면 대응을 피하고 있는 것인데도 말이다.

위에서 말한 어려운 방법들을 실제로 적용하려면 감정적으로나 정신적으로 매우 성숙한 사람이어야 한다. 또한 모든 관계에서 진정성을 가지고 모든 관계를 대하는 사람이 되어야 하며 하나님 안에서 평안과 사랑을 체험한 사람이어야 한다. 특히 하나님을 기쁘시게 하는 것에 가장 큰 목적을 두어야만 한다.

만약 당신이 앞서 다룬 건설적인 방법들이 아직도 어렵게 느껴진다면 이 장을 읽기 전에 다시 한 번 앞으로 돌아가 좀 더 훈련하는 시간을 갖기를 추천한다.

1. 공의로운 원리를 추구

수세기 동안 많은 기독교 인도자들은 하나님의 분노를 '공의로운 분노'라고 묘사하였다. 이러한 표현은 '공의로운 원리 위에 서는 것'이라고 바꾸어 표현할 수 있는데 예수님의 공생애가 이러한 목적을 위한 삶이라고 볼 수 있다. 예수님께서 공의로운 원리 위에 서 계시므로 악에 대하여 자신의 분노를 표출하는 것은 어쩌면 필연적인 것이라 할 수 있다.

우리는 종교를 가진 사람들이 대개 분노를 은폐하는 것을 잘 알고 있다. 이것은 대부분 종교적이거나 도덕적인 이유에서다. 마땅히 공의로움을 위해 싸워야 하지만 그렇지 못하고 있다. 반대로 공의로움이란 이유를 내세워 순수하지 않은 마음으로 분노를 표출하여도 그것이 사실은 이기적인 분노라는 것까지도 다 알고 계신다.

성경에는 예수님께서 몸소 공의로운 원리 위에 서 계시는 사례를 많이 볼 수 있다. 그중에서도 우리가 알고 있어야 할 공의로움을 단적으로 가장 많이 나타내신 사례가 여러 번 예로 들었던 환전꾼들의 사례이다. 성전 앞에서 환전꾼들이 상업적인 목적으로 성전의 거룩함을 훼손하고 있을 때 예수님께서는 탁자를 뒤집어엎으시고 그들을 쫓아내셨다(요 2:13-17). 또한 하나님을 알고자 하는 사람들을 상대로 위선과 기만적인 행위를 하며 믿음을 방해한 종교 지도자들, 특히 유대 율법주의자들에게 예수님께서는 불같은 화를 내셨다. 성경에는 예수님뿐만 아니라 바울, 예레미야, 요나단, 모세와 같이 공의로운 원리에 입각한 삶을 살았던 선지자들에 대한 많은 이야기들이 있다(출 19, 삼상 19-20, 렘 6:11, 행 13:9-11).

2. 가벼운 문제들에 대한 관용

예수님께서는 가벼운 문제들을 담대하게 넘길 줄 아셨다. 가벼운 문제들이란 공의로움의 성패가 달린 문제가 아닌 소소하게 발생할 수 있는 문제들을 말한다. 예수님께서 야이로의 딸이 죽지 않고 잠들었다고 말하자 많은 유대인들이 비웃었던 일이 있었다. 사람이라면 신유의 기적으로 야이로의 딸이 살아났을 때 "내가 너희들에게 뭐라고 말했었지?"라고 따져 묻고 싶었을지도 모른다. 그러나 예수님은 그들에게 어떤 책망의 말씀도 하지 않으셨다.

'가벼운 문제들에 대한 관용'이라는 말은 정말로 중요한 문제와 그렇지 않은 문제를 구별하는 데 매우 유익한 문구이다. 성숙하지 못한 사람일수록 사소한 공격에 매우 심각한 상처를 받고 그것을 방어하기 위해 많은 시간을 할애한다. 그러나 정서적으로나 영적으로 자신감이 생기면 소소한 일 때문에 허비하는 시간을 줄일 수 있게 된다. 더 나아가 분노와 상처의 문제까지 건강하게 다룰 수 있게 되면 자존감이 훨씬 더 강화되어 상처가 될 수 있는 문제나 더 심각한 공격에도 어렵지 않게 관용을 베풀 수 있게 된다. 이것은 우리가 타인을 포용하는 능력이 매우 강해지고 있음을 뜻한다. 즉, 관용에 대한 내면의 역량이 강화되고 있다는 의미이다. 예수님은 하나님께서 항상 자신과 함께 계신다는 절대적인 확신을 가지고 구원 사역을 감당하셨다. 우리도 하나님께서 항상 우리를 돕고 계신다는 확신을 가져야 한다. 그 확신이 강할수록 가벼운 문제들에 대한 관용을 베풀 수 있는 능력이 더 커질 것이다.

주의해야 할 점은 우리가 상대방에게 예수님처럼 영적으로 성숙한 모습과 관용을 기대하면 안 된다. 이것은 마치 5살 아이에게 '왼뺨을 돌려대라'고 감당할 수 없는 크기의 관용을 요구하는 것과 같다. 그러므로 상대방에게 관용을 원한다면 보다 신중하게 표현할 필요가 있다. 왜냐하면 그 관용이 오히려 누군가에게는 상처를 입히고 그의 삶에 중대한 결과를 초래할 수도 있기 때문이다. 그렇게 되면 그도 이후에 또 다른 5살짜리 어린아이에게 똑같은 요구를 하게 될 것이다.

3. 용서

예수님의 용서에 대해 이야기하기 전에 우리를 향한 하나님의 용서에 대해 먼저 살펴보도록 하자.

하나님의 용서는 우리가 도달하고자 하는 용서의 궁극적인 지향점이다. 또한 우리는 하나님께서 우리의 죄와 허물을 얼마나 많이 용서하셨는가를 분명하게 알고 느껴야 한다. 즉, 두 가지를 통해 깨달을 수 있는 것은 하나님께서 우리의 죄와 허물을 용서하신 것 같이 우리도 타인의 죄와 허물을 용서해야 한다는 것이다.

하나님은 우리의 죄를 다 용서하실 뿐만 아니라 깨끗하게 잊어버리신다. 하나님은 절대로 우리의 지나간 죄를 다시 들추어내거나 정죄하지 않으신다.

> "내 모든 죄를 주의 등 뒤에 던지셨나이다" (사 38:17)

> "나 곧 나는 나를 위하여 네 허물을 도말하는 자니 네 죄를 기억하지 아니하리라" (사 43:25)

> "내가 그들의 불의를 긍휼히 여기고 그들의 죄를 다시 기억하지 아니하리라 하셨느니라" (히 8:12)

예수님의 용서는 가장 이상적이면서도 인격적인 모델이다.

> "너희 안에 이 마음을 품으라 곧 그리스도 예수의 마음이니 그는 근본 하나님의 본체시나 하나님과 동등됨을 취할 것으

로 여기지 아니하시고 오히려 자기를 비워 종의 형체를 가지사 사람들과 같이 되셨고 사람의 모양으로 나타나사 자기를 낮추시고 죽기까지 복종하셨으니 곧 십자가에 죽으심이라"(빌 2:5-8)

　예수님께서는 우리의 죄를 사하시기 위하여 기꺼이 십자가의 죽음을 대신 감당하셨다. 이것이 예수님의 용서와 관용을 보여 주는 가장 이상적인 예라 할 수 있다. 성경에는 예수님이 십자가에 매달려 돌아가실 때 얼마나 많은 군중들이 비하하고 조롱했는지 생생하게 기록되어 있다. 로마 군인들은 예수님의 옷을 벗기고 침을 뱉었으며, 창으로 옆구리를 찌르고, 결국 십자가에 매달아 천천히 고통과 수치스러움으로 죽어가게 만들었다. 그러나 예수님의 모습은 어떠했는가? "아버지 저들을 사하여 주옵소서 자기들이 하는 것을 알지 못함이니이다"(눅 23:34)라고 그들을 용서하셨다.

　많은 사람들은 흔히 예수님의 십자가가 절대적인 이타성을 나타내고 있다는 것을 인정하면서도 우리에게 예수님과 같은 용서를 바라는 건 너무 무리한 것이 아니냐고 의문을 제기한다. 그렇다면 사도행전 7장에 젊고 아름다운 스데반의 사례를 살펴보자. 그는 유대인들의 돌에 맞아 죽어가면서도 예수님의 용서를 실천했다. 그는 유대인이 대부분이었던 청중들에게 담대하게 복음을 전했지만 그들은 복음을 받아들이기는커녕 돌을 던져 그를 죽이고자 했다. 그는 유대인들이 예수님의 복음의 참뜻을 이해하지 못하고 있다는 것을 느꼈지만 그건 그다지 의미가 없었다. 스데반은 돌에 맞아 죽어가면서도 무릎을 꿇고 하나님을 향해 마지막으로 외쳤다. "주 예수여 내 영혼을 받으시옵소서…… 이 죄를 그들에게 돌리지 마옵소서" (행 7:58-69).

> "네 형제가 죄를 범하거든 가서 너와 그 사람과만 상대하여 권고하라 만일 들으면 네가 네 형제를 얻은 것이요 만일 듣지 않거든 한두 사람을 데리고 가서 두세 증인의 입으로 말마다 확증하게 하라" (마 18:15-16)

이 성경 말씀을 보면 우리가 문제가 생겼을 때 상대방과 그 문제에 대하여 정면으로 맞서라고 권하고 있음을 알 수 있다. 베드로가 예수님께 질문했다. "잘못을 저지른 형제를 몇 번이나 용서해야 합니까?" 그는 질문을 하면서 속으로 관용하는 마음으로 일곱 번 정도 가능할 거라고 생각했다. 그러나 용서를 강조하신 예수님의 대답은 이러했다.

> "네게 이르노니 일곱 번뿐 아니라 일곱 번을 일흔 번까지라도 할지니라" (마 18:21-22)

그리고 곧이어 왕에게 약 200만 달러를 빚진 자에 대한 이야기를 비유적으로 말씀해 주셨다.

그는 왕으로부터 엄청난 빚을 전부 탕감 받는 행운을 누리게 되지만 돌아오는 길에 자신에게 20달러 빚진 자를 마주치자 그의 목을 잡고 흔들면서 빚을 갚으라고 가혹하게 요구했다. 그 소식을 들은 왕은 격노하여 "악한 종아 네가 빌기에 내가 네 빚을 전부 탕감하여 주었거늘 내가 너를 불쌍히 여김과 같이 너도 네 동료를 불쌍히 여김이 마땅하지 아니하냐"라고 책망하며, 그 빚을 다 갚도록 그를 옥졸들에게 넘겨 버린다.(마 18:32-34)

우리는 씻을 수 없는 죄악으로 오염된 존재라는 사실과 예수님께서 우리의 죄를 대속하시기 위해 십자가에 달려 죽으신 사실을 이해해야 한다. 그러면 다른 사람들이 우리에게 저지른 잘못이 이것에 비해 얼마나 하찮은 일인지를 느끼게 될 것이다.

주기도문을 다시 한 번 떠올려 보자. 주기도문에서도 이와 같은 용서의 원리를 강조하고 있다.

> "우리가 우리에게 죄 지은 자를 사하여 준 것 같이 우리 죄를 사하여 주시옵고 우리를 시험에 들게 하지 마시옵고 다만 악에서 구하시옵소서 (나라와 권세와 영광이 아버지께 영원히 있사옵나이다 아멘) 너희가 사람의 잘못을 용서하면 너희 하늘 아버지께서도 너희 잘못을 용서하시려니와 너희가 사람의 잘못을 용서하지 아니하면 너희 아버지께서도 너희 잘못을 용서하지 아니하시리라"(마 6:12-15, 막 11:25)

바울은 고린도 전 · 후서에서 이러한 용서의 원리를 훨씬 더 강하게 강조하고 있다. 고린도전서 5장에서는 교회 안에서 비신앙적이고 비윤리적인 행위를 일삼는 무리에게 정면으로 맞서 그들을 강하게 책망하지만 고린도후서에는 그들에 대하여 책망으로만 끝내지 않고 용서와 권면하는 모습을 보인다.

> "그런즉 너희는 차라리 그를 용서하고 위로할 것이니 그가 너무 많은 근심에 잠길까 두려워하노라, 그러므로 너희를 권하노니 사랑을 그들에게 나타내라, 이는 우리로 사탄에게 속지 않게 하려 함이라 우리는 그 계책을 알지 못하는 바가 아니로라"(고후 2:7-8, 11)

용서란 상대를 징계할 수 있는 권리를 과감히 포기하는 것이며 상대방이 나에게 진 빚을 탕감해 주는 행위를 말한다. 그렇기 때문에 용서의 행위는 그만큼의 심리적인 대가를 치뤄야 한다. 상대를 용서하게 되면 처음에는 상실감에 시달리게 될 것이다. 반대로 용서하지 않으면 설령 그가 저지른 잘못을 되돌릴 수 없다 하더라도 그에 대한 징계의 '권리'는 더욱 단호해지고 심리적인 '보상'의 욕구가 계속될 것이다. 분노와 상처가 내면에 잠복하게 되면 복수의 권리 또한 계속 남아있게 된다. 용서의 가장 큰 힘은 곧 우리들의 의지이다. 아치발드 하트(Archibald Hart)는 용서에 대해 이렇게 정의했다. "용서란 나에게 또 다른 상처를 줄지도 모르는 그에 대한 징계와 복수를 포기하는 것이다."

용서를 조금 다른 관점으로 바라본다면, 용서란 '내면에 잠복된 복수의 감정을 어떻게 하면 철회할 수 있을까?', '어떻게 하면 상대를 기꺼이 용서할 수 있을까?'라는 감정과 실천적 의지 간의 치열한 대치 상태라고 생각한다. 용서하지 않으면 자신의 완고함과 감당할 수 없는 죄책감에 끊임없이 시달리게 된다. 이러한 결과는 친밀한 가족 안에서 더욱 첨예하게 나타나는 현상으로 상대를 용서하지 못하여 겪게 되는 고통과 죄책만큼 상대도 동일한 고통과 죄책에 시달리고 있다는 것을 잊어서는 안 된다.

이 책에서 수없이 인용해 왔던 구절인 "분을 내어도 죄를 짓지 말며 해가 지도록 분을 품지 말고"(엡 4:26)라는 말씀은 "너희는 모든 악독과 노함과 분냄과 떠드는 것과 비방하는 것을 모든 악의와 함께 버리고 서로 친절하게 하며 불쌍히 여기며 서로 용서하기를 하나님이 그리스도 안에서 너희를 용서하심과 같이 하라"(엡 4:31-32)라는 일종의 권고와 책망의 말씀이다.

4. 적대자를 위한 기도

예수님의 사랑은 얼마나 크고 위대하신가! 예수님께서는 자신을 십자가에 못 박는 자를 위해서 기도하셨다. 이것은 우리가 예수님의 용서와 사랑을 따라갈 수 있도록 본보기가 되어 주신 것이다. 그러므로 우리는 당연히 예수님을 닮기 위해 최대한 노력해야 할 것이다.

욥의 친구들은 겉으로 욥의 불행을 위로하는 듯이 보였지만 실제로는 욥에게 상처를 주는 존재였다. 하나님께서는 그러한 위선과 가식을 기쁘게 보지 않으셨지만 그럼에도 불구하고 욥이 친구들을 위하여 기도하기를 원하셨다. 욥은 하나님의 말씀을 순종하고 자신을 공격하던 친구들을 위해 기도했다. 악한 친구들을 위한 욥의 기도는 친구들이 욥의 용서를 진심으로 수용하게 되면서 하나님의 축복의 문을 여는 계기가 되었고 잃어버렸던 모든 것들을 회복하게 하는 결과를 만들어 냈다. 결과적으로 하나님은 욥에게 과거보다 두 배나 더 큰 복으로 되돌려 주신 것이다.

5. 사랑하라

성경의 가장 핵심적인 주제는 하나님께서 우리를 사랑하신다는 것이다. 우리가 전적으로 타락한 죄인임에도 불구하고 말이다.

> "하나님이 세상을 이처럼 사랑하사 독생자를 주셨으니"(요 3:16)

하나님께서는 우리의 죄를 용서하실 뿐만 아니라 기꺼이 사랑하신다.

"우리가 사랑함은 그가 먼저 우리를 사랑하셨음이라"(요일 4:19)

"아무에게도 악을 악으로 갚지 말고 모든 사람 앞에서 선한 일을 도모하라 할 수 있거든 너희로서는 모든 사람과 더불어 화목하라 내 사랑하는 자들아 너희가 친히 원수를 갚지 말고 하나님의 진노하심에 맡기라 기록되었으되 원수 갚는 것이 내게 있으니 내가 갚으리라고 주께서 말씀하시니라 네 원수가 주리거든 먹이고 목마르거든 마시게 하라 그리함으로 네가 숯불을 그 머리에 쌓아 놓으리라 악에게 지지 말고 선으로 악을 이기라"(롬 12:17-21)

사랑의 가장 모범이 되신 예수님께서는 자신에게 죄를 짓고, 상처를 주고, 그를 배신하며 거부하고 버리는 것도 모자라 그를 찌르고, 때리며 죽인 자들까지도 사랑하는 모습을 우리에게 보이셨다. 우리가 그의 위대한 사랑과 용서를 이해하게 된다면 매일의 삶 속에서 우리에게 잘못을 저지르거나 상처를 주는 사람들을 용서하고 사랑할 수 있는 힘을 소유하게 될 것이다.

분노와 상처 극복하기 (Overcoming Hurts and Anger)

초판 인쇄	2017년 08월 11일
초판 발행	2017년 08월 18일
지은이	드와이트 L 칼슨(Dwight L Carlson)
옮긴이	이유선
발행인	장현덕
편집디자인	박소린

발행처 Grace 은혜출판사 (Grace Publisher)

등록번호 제 1-618호
등록일자 1988년 1월 7일

주소 서울특별시 종로구 종로 65길 12-10
전화 (02) 744-4029 **팩스** 744-6578
홈페이지 www.okgp.com

ISBN 978-89-7917-992-7 03230
ⓒ 2017 Grace Publisher, Printed in Korea

이 출판물은 저작권법에 의해 보호를 받는 저작물이므로 무단 전재와 무단 복제를 할 수 없습니다.

이 도서의 국립중앙도서관 출판예정도서목록(CIP)은 서지정보유통지원시스템 홈페이지(http://seoji.nl.go.kr)와 국가자료공동목록시스템(http://www.nl.go.kr/kolisnet)에서 이용하실 수 있습니다. (CIP제어번호: 2017018610)